书信选三

弘一大师著

中国画报出版社 · 北京

图书在版编目（CIP）数据

书信选．三 / 弘一大师著．-- 北京 ：中国画报出版社，2017.1（2022.11重印）
（弘一大师文集）
ISBN 978-7-5146-1388-9
Ⅰ．①书… Ⅱ．①弘… Ⅲ．①李叔同（1880-1942）-书信集 Ⅳ．①B949.92
中国版本图书馆 CIP 数据核字（2016）第 247143 号

书信选三　　弘一大师 著

出 版 人：于九涛
特别策划：吴红梅
责任编辑：于九涛 郭翠青
助理编辑：魏姗姗
封面篆章：朱广贺
责任印制：焦 洋
出版发行：中国画报出版社
（中国北京市海淀区车公庄西路 33 号 邮编：100048）
开 本：32 开（787mm×1092mm）
印 张：6.25
字 数：83 千字
版 次：2017 年 1 月第 1 版 2022 年 11 月第 2 次印刷
印 刷：三河市兴国印务有限公司
定 价：30.00 元
总编室兼传真：010-88417359 版权部：010-88417409
发行部：010-88417360 010-88417417（传真）

目录

《书信选》（三册）出版说明

弘一大师《书信选》共选录大师和近百位亲人好友的信件654封，信件来源有1944年出版的《晚晴山房书简》第一辑、福建人民出版社的《弘一大师全集》书信卷。特别注意以原始材料为准，全文照录。尽量保持原件的风貌。比如，信件开头对收件人的称呼，信件内容的分段句读，信末署名标识的次序，句旁所加重点记号，以及手绘附图等，都按原样保留。有些明信片没有上款，也原样选入。明显笔误做了改动。

《书信选》编辑分三册，其中至俗家师友门生的信件为一、二册，出家后致僧侣的信件为三册。收录标准按照信的邮寄年月顺序，每位收件人的书札按照时间顺序排列，便于检索阅读。收件人为二人以上者，以署名在先者立目。收件人有生平可考的，做了简要介绍。编辑人员对大师发信的时间地点（主要为当时所在寺院）作了考证，在每封信前做了标注。收件人身份不详的从略。身份存疑的，有的加了注释。

书信注释放在信末。注释内容包括信件所涉及的人物、事件、时间、地点、名词术语等内容。人物注释一般会注明其生年卒月、籍贯、身份，以及致书人与收件人之间的关联。无法考察即省略。

书中还有一些大师手迹照片，内容涉及文艺、佛学、历史事件、人物品评等。

通过三册书信选，大师的形象鲜活明晰，值得收藏阅读。

致印心 宝善和尚

印心、宝善二和尚，为浙江杭州玉泉寺监院。弘一法师初出家时常居玉泉寺。

一九二一年六月初八日 温州庆福寺

宝善、印心大和尚座下：

拜别慈颜，忽忽三月。音等来此，习静念佛，谢绝人事，四大亦粗调适。今岁寒暑不时，比忽暴热。遥忆法座，辄致书问讯，起居安隐。

不具

后学演音演义稽首　六月初八日

清月大和尚乞为问安

灵峰圆湛大和尚便中乞为问安

致寂山和尚

寂山和尚 一八七五～一九六一，浙江温州人。温州庆福寺住持。

弘一法师居庆福寺时，称他为依止阿阇黎，以师礼事之。

一

一九二二年正月二十七日 温州庆福寺

恩师大人慈座：

前命写之字帖，今已写就，奉上，乞收入。前数日得天津俗家兄函，谓在家之妻室已于正月初旬谢世，属弟子返津一次。但现在变乱未宁，弟子拟缓数月再定行期，一时未能动身也。再者吴璧华居士不久即返温，弟子抉请彼授与神咒一种，或往生咒或他种之咒，便中乞恩师与彼言之。弟子现在虽禁语之时，不能多言，但为传授佛法之事，亦拟变通与吴居士晤谈一次，俾便面授也。

顺叩 慈安

正月二十七日　弟子演音顶礼

二

一九二四年四月初九日 温州庆福寺

师父大人慈座：

顷奉法谕，敬悉一一。尊恙已大痊否？为念。弟子近因感受潮湿，背间生癣疥，幸用西药擦抹，今已渐减退矣。宝严[①]办道果相宜否？现在颇难决断，且候将来再详为斟酌也。或不久须迁移他处，亦未可知也。弟子到此以来，承唯善师兄诸事照拂，慈悲摄护，感激无既。以后恩师与唯善师兄晤面时，乞常常随时为之谆托一切，至为深感。又弟子在家时，实是一个书呆子，未尝用意于世故人情。故一言一动与常人大历，此事亦乞恩师婉告唯善师兄，请其格外体谅而曲为之原宥也。弟子以师礼事慈座，已将三载，何可忽尔变易？伏乞慈悲摄受，允列门墙，至用感祷。承命因弘与弟子同居，护侍一切，铭感尤深。

此复 只叩

慈安

弟子演音稽首　四月初九日

---

① 宝严 即温州茶山宝严寺，为庆福寺下院。

三

一九二八年九月下旬 温州江心寺

恩师大人座下：

承介绍在江心寺避暑，甚为安适，感荷无尽。前者弟子兴因弘同至乐古斋托刻经板五块，彼云至初八初九日即可写好，二十左右即可刻就。乃至今原稿尚未写好。乞恩师便中枉驾与乐古斋主人一谈。乞彼先将原稿写好，并弟子所写之草稿一齐交下。由弟子校对一过，然后再付刻。将来镌刻之时，务乞从速。迟至本月底必须刻好。种种费神，感谢之至。

顺叩 慈安

弟子演音顶礼

致东严法师

一九二五年十一月九日 温州庆福寺

东严禅人慧览：

前获来书，欢慰无已。承仁者精进向道，笃修净业，至用感佩。《净心诫观法》一书，为南山道宣律祖所撰。书中具说初出家者修持之事，至为切要。他日可托人向上海北泥城桥功德林佛经流通处请购。书仅一册，须资约二角左右也。前年周群铮居士曾请此书数十册施送，得者靡不欢喜赞叹。希仁者于是书详细寻览，当获益无尽也。此复 顺颂

法喜

论月疏答　十一月九日

令师公①及令师之前，乞为称名问安，恕不另柬

① 东严之师公名诚一，为镇海伏龙寺住持，其师名不详。

致因弘白伞法师

因弘白伞法师即因弘，浙江温州人。弘一法师在温州庆福寺闭关时的侍者。

后要求出家，弘一法师为之介绍礼弘伞为师，取名“因弘白伞”，即因弘一而拜弘伞之意。

一

一九二八年六月十日 温州江心寺

白伞学弟：

别来殊念。苏居士宿疾，当不为患。附奉二笺，乞呈寂老人并周居士。他日仁者过谈，希检闽香数包（旧存西方三圣后宠内），携至此。未委悉。

六月十日 胜臂疏

乐古斋写稿送来校对时，必须将余所写之草稿一齐带来，乃能校对。

二

一九三〇年闰六月二十八日 上虞白马湖

因弘贤弟：

惠书诵悉。书二包并收到，谢谢。缘簿之缘起，写好奉上，乞收入，倘加大者可令裱画店镶裱。余近患伤寒及痢，较甲子年尤重。今已渐愈，惟身体疲弱已极，即拟预备后事，念佛待往生矣。以后暂不通信。俟生西后，

当托人奉达也。不具 师公前乞为问安

音疏　旧闰月二十八日

三

一九三〇年十月二十五日 慈溪金仙寺

因弘贤弟慧览：

前年存在江心寺唯田法师处律学书甚多。唯田法师无有研究律学之意，不能阅览。今拟将此书取回。附奉致唯田法师一纸。乞仁者往江心寺，交彼阅之，即将此律学书带来。包好，交邮局，挂号寄下为祷。倘唯田法师不在江心寺，则仅将《四分律表记》带数册来。其余不必取来。且俟将来与唯田法师晤面时，再商酌可也。附奉邮票五角，乞收入。前奉赠与仁者《传戒正范》三册。余现在正需用此书。乞仁者以此转惠施与余，至为感谢。并乞一同寄下。顺候

法喜

音疏　十月二十五日

致性愿法师

性愿法师 一八八九～一九六二，名古志，号楼莲，福建南安人。早岁出家，遍参江浙丛林。回闽后，历任漳、泉、厦诸寺监院住持等职。

一九二八年弘一法师至厦，和他一见如故。前后十余年法师在闽南安居，多受其照拂，故和他通信特多。

性愿于一九三七年赴菲弘法，首任信愿寺住持，为华僧在菲弘法之先驱。

一

一九二九年旧三月二十一日 温州庆福寺

性愿法师慈鉴：

在泉之时，诸荷照拂；濒行又荷远送，感谢无尽。十五午开轮，十六午前到马尾，昨夕达温州。一路风浪平静，未遇险厄。营副饶君待遇音等甚为亲切，至可感激。现拟在温度夏，秋凉或须至衢州一行，但尚未决定也。命写各件，不久即可加墨。拟俟座下云游归后，再奉上，俾可不至遗失。谨致谢忱 顺颂

慈安

后学演音和南　三月二十一日

和尚及广心法师[①]并诸师前，均乞代为问安！

① 和尚指当时承天寺住持转尘和尚，广心系当时监院。

二

一九二九年七月八日 温州庆福寺

性公老法师慈座：

前寄厦门一包，又信两封，未承惠复。想是法驾尚在泉州，未经收到也。末学即拟下山，云游各地。乞以后暂勿通信。前托友人为法座刻印，印稿附奉览。若冬初之时，末学能往闽者，即亲自带上。倘未能来者，即付邮局寄奉也。谨达 顺请

法安

末学演音稽首　七月八日

三

一九二九年七月十四日 温州庆福寺

性公老法师慈座：

数日前寄上一函，想达慈览。昨午披诵惠书，敬悉一一。诸承费神，感谢无尽。末学拟于八月云游诸方后，

往温州小住，即由温州动身往厦，不经过上海，大约在旧历十月前后之时矣。俟到温州时，再奉函以闻。筑室之事，实不敢当。因末学近来既畏寒又畏暑，夏季或返温州，亦未可知也。

谨复 顺请

禅安

末学演音稽首　七月十四日

四

一九二九年旧七月二十八日 上虞白马湖

愿公法师慈鉴：

前日夏居士来时，匆促致书，想已收到。其时因夏居士即欲归家，故匆匆略陈，不及详述。兹更补记如下：据夏居士云，临古书册，初版仅印千册，后学应分得百册。现已超过应得之数。后学之意，欲开明书店再加送若干册，故彼云云。若再赠人者，应出资购买。云云。彼即为写名片一纸，持此往购，可以七折计算也。明年或能再版印刷，但不能定。俟印就时，后学当于分得之书中，再以三十册奉赠法座，广结善缘。

再者，承寄下行李，已于前日由夏居士带到。荷法座为之包装完善，毫无污损。深感垂爱之厚意也。

谨此鸣谢顺叩

慈安

后学音和南　旧七月二十八日

五

一九二九年旧九月二十四日 温州庆福寺

性公老法师慈座：

敬启者，末学于昨午已到温州，不久即可往闽。拟尖到南普陀暂住(因不知路途)，然后再往山边岩。所有书籍，因携带不便，拟先交邮局寄闽。但未知山边岩及南普陀近来仍一切如常否？若寄书籍至南普陀，是否交广洽法师代收？乞费神示知。俟尊函到后，再觅船便动身。（每月仅开二次，故须久候之。）广洽法师诸处，亦乞便中代为致意，至用感谢。

惠复乞寄温州大南门外庆福寺弘一收

至感 顺颂

法安

末学演音稽首　九月二十四日

六

一九三〇年闰六月十六日 上虞白马湖

愿法师慈鉴：

惠书敬悉一一。兹寄上《四分律表记》一册，此书仅存二册不能多寄。《五戒相经笺要》补释以下为拙辑。拙辑《有部抄》等各一册，此二书存者尚多，如需者可以续寄。拙书数幅，乞随意赠送。用宿墨写者，裱时须十分注意，最易抹污。《安心头陀像赞》乞赠与同学中喜乐者。李某临古墨迹印本，已印好，不久即可寄上三十册，乞赠尊社教职员及同学师各一册外，所余者乞赠：

开元寺副寺师一册

苏、周、叶、黄居士各一册

图书馆一册

觉斌、广洽二师各一册

此次考试平均成绩最优者，及品行最优者三人之名，乞于便中示知。上海李圆净居士近编印《饬终津梁》临终助念等事，甚为切要，已嘱彼于出版后寄奉座下及周居士若干册，想不久即可寄上，样稿已印出。

率复 不具一一 顺颂

法安

后学音和南　闰月十六日

和尚及广法师并同学诸师乞为致候

因即有工人出外，托彼带此信，故潦草书之，乞鉴谅。

前借用座下之夹袄一件，乞即惠赐后学，恕不奉还。未知可否？

七

一九三〇年旧十一月二十六日 慈溪金仙寺

性老法师慈鉴：

顷诵惠书，忻悉一一。所云八月寄至法界寺之函，未经披诵，明春夏间拟返法界寺，其时当可披诵尊函，因中秋后，末学已出外云游矣。在金仙寺听经月余，近已圆满，拟于明日往温州度岁。承示法座驻锡云顶①，至用欢忭。明岁当来厦亲近座下，以慰渴念。冯、蔡二居士②属书之件，俟至温州后书写，付邮挂号寄奉。

谨复 顺颂

慈安

末学演音稽首　十一月二十六日

觉斌诸法师前均乞代为问安

以后惠书乞寄温州大南门外庆福寺为感

---

① 云顶即云顶岩，为厦门八景之一。

② 冯、蔡二居士：冯即冯重煦，时任厦门佛教会秘书；蔡即蔡吉堂，时为厦门佛教会理事。

八

一九三一年八月初二日 慈溪金仙寺

性公老法师慈鉴：

前月承惠寄至法界寺一函，数日前乃转到。近又获诵七月二十一日所发之尊简，敬悉一一。法体近想已大愈。后学数月以来，时有小疾。倘将来身体康健，当趋侍座下，以聆教益也。寺中诸师、诸居士等，均乞代为致候。

五月移居时，曾奉上一明信片，奉告地址。想金鸡亭[①]遗失矣。

拙辑并书写《华严集联三百》共有百页上下，已由开明书店印刷，样本二张附奉呈。后学大约可得百册。俟出版时，敬以十数册呈奉慈座，以便转赠缁素诸道侣。上海佛学书局近印拙书对联，又经数种。一个月后可印出五种。因赠与后学者仅一二份或数份，不能广赠道侣，若有欲得者，于一个月后，向佛学书局请购。

乞谅之。顺叩 法安

后学演音稽首　八月初二日

---

① 金鸡亭：在厦门禾山云顶岩下，为厦门八景之一。1931 年性愿法师曾任云顶岩住持。其时，云顶岩书信多由金鸡亭转寄。

九

一九三一年九月初八日 杭州虎跑寺

性公老法师慈鉴：

惠书敬悉一一。戒牒字草草写奉。《同戒录》[①]题字，准于十月内奉上。后学近来屡屡伤风，身体衰弱，即拟往温州过冬，住处尚未定，俟后奉达，恐未能往闽南矣。谨复 顺颂 法安

后学音稽首　九月初八日

一〇

一九三一年十月二十一日 慈溪金仙寺

性公老法师：

前复函及写件，想已早达丈室。近又由宁波刘居士转寄上《华严集联》十册，计已收到。音今岁疾病频作，至今仍未复元。拟即在金仙寺过冬，俟明年觅得伴侣，再

① 《同戒录》：即 1931 年冬泉州开元寺为转道和尚六秩传戒的《同戒录》。

当偕来闽南亲近法座也。秋间有僧众发起律学院，欲令音任教务。音自顾殊难胜任，而彼等亦意见不定，未能一致，故已决定停办矣。

以后惠书，乞暂寄宁波慈溪鸣鹤场金仙寺转交为妥。谨达 顺颂 法安

后学音和南　十月二十一日

附奉上致南普陀广洽大师一笺，乞于便中加封寄去为感

一一

一九三二年旧四月三十日 镇海伏龙寺

性老法师慈鉴：

近日屡拟上书奉候，今晨得接诵手谕两通，至用欢慰。《同戒录》亦收到。法会隆盛，甚深赞喜。兹答陈各事如下：

△《圆觉经》签条跋语，数日后写好挂号径寄至南京。

△付、蒋二居士联件，紫云寺佛号及结缘之横直小幅等，

半月后寄至厦门，托广洽法师转呈。

△附挂号寄上一包，内有木夹板《梵网经》及其他《华严》《八大人觉》等五册，敬赠法座。又有布面《梵网经》一册，乞转奉广洽法师。又有日本书二册及信片画三套，乞转奉芝峰法师。此次佛学书局所印各种拙书，印工未精，装折亦参差不齐。又因资本不足，未曾另赠与末学，故未能分送诸友人耳。

△以前末学与各处关系各事，悉已料理清楚。

秋凉时，拟来闽①亲近法座也。

谨复 顺颂

禅安

末学演音稽首 旧四月三十日

依邮章印刷品宜与信函分寄，未可合并 附白

① 秋凉来闽，指是年10月弘一法师自温州至厦门。是为第三次至闽。

一二

一九三二年旧五月二十四日 上虞白马湖

性公老法师慈鉴：

惠书敬悉一一。承施十金，却之不恭，谨以受收。惟来函所云，备作邮笺之需云云。后学现不需用邮笺，拟以移作他用，想为慈意所许诺也。

秋凉之后，旧历九月或十月间，倘时局无大变动，拟来闽亲侍法座。所云接迎之事，万不敢当，因临时或由沪，或由温动身，未能一定也。

后学近来衰老益甚，拟来闽后，在不驻军队之寺居住，以资静养，乞法座预为酌定之，至感。顺请 禅安

后学演音顶礼　旧五月二十四日

一三

一九三二年旧十月十八日 温州庆福寺

性公老法师慈鉴：

前复函，想达慧览。昨午续奉惠书，并承施十元。却

之不恭，敬谨领受。末学自十四夜间患痢疾，至今未愈。倘近日痊愈，即搭次班轮船往厦。倘一时未能痊愈复元者，则更须延期也。广洽法师处亦已通知。

知劳慈念，谨以奉达。并陈谢意 顺颂

法安

末学演音稽首　旧十月十八日

一四

一九三二年旧十一月十六日 厦门山边岩

性公老法师慈鉴：

前法驾莅厦，诸承慈护，惠施种种，至用感谢。

承命书匾额之字，系用朱色。乃写时匆促，未能忆及，遂用墨书。至半夜睡醒之时，始想起应用朱书之事。至为抱歉。谨此陈谢，诸希慈谅。

兹有恳者。末学前存在友人处经书两大箱，拟即运厦。乞座下暇时，到开元访陈敬贤居士。乞为致候，并请彼写介绍书，托上海陈嘉庚公司代为运厦。附陈者有三事：

一、介绍书请写两封，一封于送书箱时随交。

又一封，在送书前数日寄去，预告此事。俾免临时唐突冒昧。

此两封信皆乞寄交末学转付。

二、上海陈嘉庚公司之详细住址，乞写明。俾便友人访觅。

三、上海之友人，为刘质平君。乞向公司主任代为介绍。

以后刘君或再有物件托带厦者，亦乞慈悲许诺。

至为感激 谨恳 顺叩 法安

末学演音稽首 旧十一月十六日

以后惠函乞寄妙释寺转交至妥

因末学每数日必往一次也，无须寄至山边岩，若恐遗失也

一五

一九三三年旧三月十三日 厦门万寿岩

性公老法师慈鉴：

惠书诵悉。佛名书就，附奉上。将来放大之字，乞另留底稿一份，或他处亦需用也。此次讲《羯磨》，约至四月八日圆满。与末学偕来寄居寺中者共十一人，皆一

例过午不食，甚可赞叹。妙慧、广义诸师亦在内也。

谨复 顺颂

法安

末学演音稽首　三月十三日

周伯遒居士属写绢对，俟四月中旬写奉，乞先代为致意

一六

一九三三年旧四月十一日 厦门万寿岩

性公老法师慈鉴：

昨奉惠书，敬悉一一。承介绍往草庵息暑，至用感谢。但学律诸师之意，谓有五六人或不止此，随往者草庵床具、斋粮或未能具备。诸师意欲往雪峰[①]，但未知转解和尚[②]之意如何？拟请座下先为函询，俟得回信后乃能动身。倘雪峰不能容多众者，仍乞座下慈愍，代为设法介绍他处。因厦门气候较热，暑季三四月内不能讲律，虚度光阴。现欲觅山中凉爽之处，居住四个月以上，结“后安居[③]”，

① 雪峰：即福建南安雪峰寺，俗称小雪峰。

② 转解和尚：时为雪峰寺住持。

③ 后安居：安居为古印度僧众在雨季九十日间，禁止外出，集中一处修学的制度。4月16日至7月15日，名“前安居”；5月18日到8月15日，名“后安居”。

继续讲律也。

惠示乞寄妙释寺转交最为妥迅

勿由文灶社转 甚迟缓且易遗失也 谨恳 顺请 法安

末学演音稽首　四月十一日

末学近辑《灵峰警训略录》一卷，名曰《寒笳集》，仅三十页，可以作佛学校国文教科书用也。不久即送至佛学书局印行。附白

一七

一九三三年夏 泉州开元寺

性公老法师慈座：

曩承惠赐夏布海青[①]，感谢无尽。前日法驾枉临，遂忘致谢，至用歉然。塔记[②]写奉，末一行因空白，故写撰书人名。倘欲写捐资功德人名者，此行可删去也。

顺颂 法安

末学演音稽首

---

① 海青：古时吴中称衣之广袖者为海青。今僧人之方袖大衣亦称海青，或称方袍。

② 塔记：指是年南安灵应寺所建的唐神僧灵应大师现化记。此记署“古志（性愿之名）撰，月音书。”

一八

一九三四年旧二月十八日 厦门南普陀寺

性公老法师慈鉴：

昨常法师[①]来谈，谓欲敦请尤居士来南普陀，观察地理。但后学未知彼之住址。今已致函与彼长子，转交一函，能达到否，尚未可知。拟请慈座再致书敦促。后学亦写一笺，乞为附入寄去。至祷。

顺颂 法安

法学演音稽首　二月十八日

一九

一九三四年旧三月二十八日 厦门南普陀寺

性公老法师慈鉴：

曩承枉驾，至用感慰。后学拟居南普陀半载，以答诸公属望之盛意。学律诸师于旧七月三十日习普通律学已竟（由去年正月始），即可圆满毕业也。后学近半月来，学行一食法，身体较前康健，未尝瘦弱。知劳慈念，附

① 常法师：即常惺法师，时任厦门南普陀寺住持兼闽南佛学院院长。

以奉闻。别一纸，写诸律书名，乞便中往（南门）李宏成居士[1]宅（楼上木箱内）检出，至感谢。

顺颂

法安

后学演音稽首　三月二十八日

二〇

一九三四年五月七日 厦门南普陀寺

性公老法师慈鉴：

近由汉口寄到名笔，慈奉上六枝，乞试用之。大绿颖，后学已用甚久，能写小楷乃至三寸大字。价廉物美，且坚牢耐久，诚佳制也。月台[2]诸学僧如需用者，可以通信购买。价五元以内，可免关税。温州老名士谢君[3]近为音刻印二方。附奉印稿，希清览。

谨陈

顺颂

法安

后学演音稽首　五月七日

---

① 李宏成居士：福建泉州人，为承天寺护法，对弘一法师尤为敬重。

② 月台：为泉州承天寺别名。

③ 谢君，即谢磊明，精印刻。弘一法师常用之“演音”、“沙门月臂”二印，即彼所刻。

二一

一九三四年八月十三日 厦门南普陀寺

性老法师慈座：

前承询问学社幼年僧众教育方法，谨陈拙见如下，以备采择。应分三级：

丙级　年不满二十岁者，以学劝善及阐明因果报应之书为主，兼净土宗大意。大约两年学毕。

乙级　二十岁以上，学律为主，兼学浅近易解之经论。大约三年学毕。

甲级　学经论为主，精微之教义。大约三年学毕。

今且就丙级详记办法如下：

每日五课：

一　背读经

二　讲《安士全书》全部

三　选读四书及讲解

四　国语　所用材料如《法味》《谈因》《弥陀经白话解》等　即依此练习语言，兼获法益。

五　习字　又随时于课外演讲因果事迹及格言等。

并选《印光法师嘉言录》随时讲之。

读经背诵经所用之经，可以随意酌定。如《地藏经》《普门品》《行愿品》等

《安士全书》印老法师尽力提倡，未可以其前有《阴骘文》而轻视之也。

四书中《论语》全读，先读，其余依次选读之。

苏州弘化社目录中所应用之书以朱圈记之。（此社为印老法师所办）

以上之办法，与印老法师之主张多相合。

二年之中，如此教授，可以养成世间君子之资格。

既有此根基，然后再广学出世之法，则有次第可循矣。

以上所陈拙见敬乞教正，惟乞勿传示寺外之人。因上所陈者，不敢自谓为尽善，不过姑作此说耳。

匾联已写就先以奉上

顺颂 法安

末学演音稽首　八月十三日午后

石印用之蜡纸，他日如交下时，乞于纸之正面，写一记号，俾免误书于背面，致不能付印也。附白

二二

一九三四年旧十二月三十日 厦门万寿岩

性公老法师慈座：

惠书敬悉。末学自惭凉德，空负虚名，若言若行，多诸过失。清夜扪心，悚惧万分。乃承慈念殷勤，犹如慈母偏怜病子，感泣何尽。末学在万寿岩讲《弥陀经》毕，即拟遁世埋名，闭门思过。所往之处，且俟临时随缘而定耳。承荷远念，先以奉闻。

顺颂 年安

末学演音顶礼 腊月三十日

二三

一九三五年旧四月十二日 惠安净峰寺

性公老法师慈鉴：

前承远送，并惠多珍，慈爱殷渥，感谢何已。后学居净山[①]甚安，广洽师亦赞同[②]也。前借承天《频伽大藏

① 净山，亦称净峰，在福建惠安一半岛上。

② 指广洽师是年旧四月十二日送弘一法师到净峰事。

经》三帙，已带至净山，临行匆促，未及奉陈，乞亮之。冬季戒期能下山否未定，届时当预陈也。

若老体颇唐，未能步行长途者，当书六尺大联两对为纪念。六尺宣纸近有人赠来。净业寺碑俟画格后，亦可托人带碑石至净峰书写也。净业寺碑文，不久润色奉上，得便必为书写。附书小联十对，若承天学僧有欲得者（又“戒香”五叶），乞随意赠之。谨陈 顺颂

慈安

后学演音稽首

尘老和尚寿山法师暨诸法师前乞代问安

二四

一九三五年旧七月十一日 惠安净峰寺

性公老法师慈鉴：

惠书敬悉。灾难叠起，至用惊叹。惠邑无水灾，惟连日大风，番薯（又名地瓜）稍有损失耳。兹以传贯师之父往泉州便，携奉近时影印拙书经二册，乞受收。是皆

后学初出家时所写者。今由义方师[①]经手付印。义方即崔母之孙也。

前十年曾印《崔母往生传》赠

谨复 顺颂 法安

后学演音稽首　七月十一日

二五

一九三五年旧八月四日 惠安净峰寺

性公老法师慈鉴：

惠书敬悉。承赐佳茗，至感。月台额联撰写之事，甚愿为之。但开戒时讲律[②]之事，恐未能应命。因近来老衰日甚，精神不振，敬乞代为婉言辞谢。

传贯师父子二人亦未能来承天佐助。因其时寺中执事者三人，皆往承天受戒，全寺空虚，无人管理故也。

前存尊处（由广洽师带至泉州者）《九华垂迹图赞》二册，如有适宜之处，乞为转赠结缘。

谨复 顺颂 法安

后学演音稽首　八月四日

---

① 义方师（?—1959），俗姓崔，弘一法师友人崔旻飞之子，安徽芜湖人。出家后居九华山，办理佛教会事。后在北京法源寺中国佛学院任教，曾任中国佛协副秘书长。

② 开戒讲律：指 1935 年冬泉州承天寺开戒，拟请弘一法师讲律之事。

二六

一九三五年秋 惠安净峰寺

性公老法师慈鉴：

此次承驾临惠安，弘法因缘，圆满成就，至用欢感。尚有数处，欲乞老人垂临讲经，俟明岁暇时，再乞慈酌。此次老人惠施法雨，能令多人发起弘法之愿，此乃惠安空前未有之盛事也，忭跃何已。后学约于十一月十三日十四日参访月台，随喜法会。

谨达 顺颂 慈安

后学演音稽首

二七

一九三五年旧十月十五日 惠安净峰寺

广洽法师、性公老人仝慈鉴[①]：

本拟于初四日动身往草庵，乃于初一日，传贯师忽患极重之热病，神志昏迷，已预备往生西方。后五六天，

① 此信由广洽法师收藏。

病势乃减轻。至今虽渐痊愈，但尚未能出房门，恐再受风也。后学须俟彼全愈，乃能同往泉州，参谒法座。

附奉上拟编表图一纸拟在承天戒期①讲用，敬乞诲正。倘须付印者，并乞费神代为核对。后学到泉后，似以居百源庵为宜，乞预为详酌，至感。同往者，为传贯师，又菜友一人，共三人。知劳慈念，谨预奉达。顺颂 法安

后学演音稽首　十月十五日

二八

一九三五年旧十二月九日 晋江草庵

性公老法师慈鉴：

规则略拟三种，呈政。承惠施紫菜、蚕豆，今晨始知，敬谢厚意。《饬终津梁》瑞卫师有一册，乞检阅。

顺颂 法安

后学演音稽首

① 承天戒期：举行于 1935 年冬。

助念生西会，宜分设各地，不限泉城一处也。

今岁元旦，居万寿岩时，悉免往来拜年。唰正亦尔。乞代达传证、瑞卫、妙慧诸师，不须来拜年也。附白

性常师已来草庵

十二月九日

十二日付邮 附白

二九

一九三六年旧二月三日 厦门南普陀寺

性公老人慈鉴：

去腊惠函，数日前乃由传贯师交下，敬悉一一。资寿寺事，后学当随力赞助，但恐力弱，于事无补耳。后学于十六日到厦门就医。适医士往福州，延至二十八日乃返厦，二十九日始往诊察，日往一次。据云：此病已成慢性，不能速愈，须缓缓调治云云。照此情形，后学何时往泉，尚难预定也。顺颂 法安

后学演音稽首 二月三日

叶青眼居士处，乞代陈此意。前所拟定日期，恐难如愿。总之俟病愈后即往。后学心甚着急，盼速愈而早往也。

附白

三〇

一九三六年旧三月七日 厦门南普陀寺

性公老法师慈鉴：

前托传贯师呈上一函，想已收到。近获诵惠书两通，敬悉一一。兴复资寿诸缘顺遂，至可庆慰。外症不能速愈，医师谓此乃慢性病，未能着急也。

谨复 顺颂 法安

后学演音稽首 三月七日

拟于二十后在养正院讲戒本，如晤传贯师时乞为代告，陈宗泮居士寄来果糖块一盒乞托传贯师带下为感。

三一

一九三六年旧三月十三日 厦门南普陀寺

性公老法师慈鉴：

顷诵慈座与洽师书及传贯师来书，敬悉一是。后学今于慈座等盛意，深为感动。决定将闭关之事延期，俟病愈后来泉州。但日光岩关房[①]已建就，缁素诸众皆知不久闭关，今忽延期，恐他人致疑。乞于便中将此事原委详告善契师为祷。

谨复 顺颂 法安

后学演音稽首　三月十三日

传贯师处不另函。乞代告云大镜子（中写佛菩萨圣号）于十五日送东石菜堂。希嘱广空师速往领取。

又晴霞寺信一件乞交传贯师

① 日光岩关房：在厦门鼓浪屿，弘一法师曾闭关于此。

三二

一九三六年旧四月三日 厦门南普陀寺

性公老人慈鉴：

旧疾犹未痊愈。医士云，此慢性病，不宜速愈。上肢未收口，足犹肿痛，须缓缓乃愈。但因病故，不得即到泉参叩座下，至用歉然。叶居士处，亦乞代达此意。

谨达 顺颂

法安

后学演音稽首

三三

一九三六年旧六月十日 鼓浪屿日光岩

性公老人慈鉴；

前承惠谈，至用感慰。传贯师现已移至周子秀居士[①]房暂住。将来或清智和尚仍令传贯师回至原住之小房。但

① 周子秀居士（1893—1955），字寿堂，自号出尘道人，福建泉州人。善抚琴，为泉州名古琴家周振音之哲嗣。能医精易。时任泉州开元慈儿院董事。

此小房，仅有一木窗，风时雨时关闭，则室中黑暗不能看经。（倘清智和尚另准备他处适宜之寮房与传贯师住者，则此窗可以无须改变）拟请慈座致函清智和尚，预早将小房窗子改为玻璃窗。俾子秀居士返厦时，传贯师即可回至此小房也。顺颂 法安

后学演音稽首　六月十日

三四

一九三七年旧八月二十五日 青岛湛山寺

性公老人慈鉴：

自违道范，时切瞻依。比奉惠书，忻悉一一。尤居士信已披阅，厚意甚感。但南游之事，今非其时。须俟时局平定，然后再斟酌也。后学于月内拟返闽，住处或泉或厦（闻南普陀已住兵数千），尚未能定。座下到菲岛后，法缘想甚昌盛。如晤陈宗泮、郑广德[①]诸居士，乞为致候。谨陈 顺颂 法安

后学演音稽首　旧八月二十五日

① 陈宗泮、郑广德，为旅菲华侨中的佛教徒。信愿寺即彼等所募建。

三五

一九三七年旧十月初二日 厦门万石岩

性公老法师慈鉴：

前在青岛，曾复书，托广空法师转呈，想达慈座。后学于半月前已返厦门，暂住万石岩。因时局不安，未能移居他方。前承慈念，欲令后学居永春，且俟闽南乱事平靖再酌定也。智普师[①]誓舍身命，守护南普陀寺。寺中现犹住二十余人，二时课诵外，并于晚间礼大悲忏，昨日又有三机至厦，恐一时未能平定也。

谨陈 顺颂 法安

后学演音稽首　旧十月初二日

三六

一九三七年旧十一月二十二日 厦门万石岩

性公老人慈座：

前奉惠书，敬悉。迄今已近一月，永春未有消息，想是因缘尚未成熟。故不能往。兹因草庵广空、广谦二老

① 智普师，福建惠安人。为厦门南普陀寺勤旧，任副寺多年。

人，谆劝后学到彼过年，明春再移居彼等所兼管之某寺。想慈座当赞许也。永春之行，恐须延缓，诸乞慈亮为祷。谨达 顺颂 法安

后学演音稽首　十一月二十二日

以后惠函乞寄广空师转致后学

写此信后，仅十五分钟，即有永春所托之善兴师到万石岩，接洽往永之事，可谓奇巧。但往草庵之事，先已决定，未可变动，且俟将来有便，再来永春可耳。附白

三七

一九三八年闰七月十九日 漳州祈保亭

性公老法师慈鉴：

久未通讯，甚念。后学居漳已数月，身体尚健，精神大衰，惟冀早生极乐耳。如晤王正邦、郑广德、高文显诸居士，乞代致候。

谨陈 顺颂 法安

闰七月十九日　后学演音稽首

三八

一九三八年旧九月五日 泉州温陵养老院

性公老人慈鉴[①]：

贯师转赉卖惠书，忻悉一一。二碑皆超逸绝俗，可以临写也。《自誓受戒文》，已付影印，至用欢赞。惟他人仅见此文，不知其义，或致疑迷。今后学复撰《析疑》一篇，别写奉上，乞并付影印，随受戒文赠送。则阅者即可了解“随分自誓受”义，又可知填写空白处之法也。

谨陈 顺颂 法安

后学音稽首　九月五日

莲星居士乞代致候。

此笺于半月前已写就，未能寄出

前五月二十日寄下之《韩偓传》于数日前已收到。近日已为校改，乞于便中代达高居士为感

① 此信由高文显收藏。

三九

一九三八年旧十一月 泉州承天寺

胜进居士、性公老人同鉴：

前上书，想已收到。本拟与妙慧师同往永春。乃到泉城后，承诸缁素谆谆挽留在泉城过冬，并由叶居士负责于明年春暖时陪伴后学同往永春。近获永春十五龄童子李芳远书，谓韩偓昔时曾到永春，居陈山岩。于山上建一小亭，每逢月夜，独携七弦琴往此弹，又在此亭边杨柳树中与月相见，题诗多首。现亭已废，其迹尚在。偓在彼数月，即返南安九日山。偓在陈山岩所作之诗，多已佚失。今只剩陈山岩殿前石刻一联，为偓所题。句云："千寻瀑布如飞练，一簇人烟似画图。"闻又有诗一首，存寺后（大约石刻）。又闻于雪山寺，亦存诗二首（大约石刻）。以上皆是童子所述。偓能弹琴，昔无记载。偓之笔迹他处绝无，今闻陈山岩有联及诗，雪山寺亦有诗，可谓希有，至用欢忭。拟请性公老人托永春诚实可靠之善友，偕一拓字之工人，携带纸墨及拓字用具，亲往陈山岩及雪山寺，拓摹各数份。

后学显得两份。此为希有难得之宝。以此拓本张诸座右，不啻与偓相晤谈也。

顺颂 法安

后学音稽首

以后通讯，仍由草庵转交。

四〇

一九三八年旧十二月十四日 晋江草庵

文显居士、性公老人同鉴[1]：

久未致书问候为念。后学在漳居半年，在安海居一月。近（前夕）至草庵暂住。自惭凉德，将退隐静修，冀早生极乐耳。惠安昆山已辞谢不往。

谨陈 顺颂 法安

后学演音稽首 十二月十四日

写此笺后，仅一小时余，妙慧师即到草庵，定于明晨动身往永春。附白

此笺写后，仅四小时余，即奉到性老人之惠书，及施

① 此信由高文显收藏。

十金，感谢无尽。属书各件，俟将来与高居士属书各件，合并交与觉彻法师，设法带往菲岛。须俟与高居士往返通信，询问款名，故寄奉之期应延迟耳。慈座若尚有善友，属后学书写各件者，亦乞写示名款，若是出家人或是女士，乞注明，将来可以一同交与觉彻法师也。

以后通讯乞寄与妙慧师转交。

高居士之信亦交妙慧师转可也。是日增写两次

四一

一九四〇年四月二十八日 永春普济寺

性公老人慈鉴：

惠书敬悉一一。承集资印经等，至用欢赞。后学年来已入老境，精神颓唐，时有小疾。惟净宗胜愿，颇能日益增进，此则堪告慰于慈座者也。普济寺不久兴建法堂等，将来能聚集多数道心坚固之僧众。随其好乐，分修禅净教律等，为闽南普放大光。谨稽首祝祷焉。

敬复 顺叩 法安

后学音稽首　四月二十八日

四二

一九四〇年九月二十八日，永春普济寺

性公老人慈座：

居永春普济年余，承诸缁素慈护一切，感谢无尽。近以业缘所牵，拟移居灵应暂住养疴。当来有缘，或可再来桃源也。诵慈座致常师书，忻悉兴复古刹，将推举后学任名誉主席。但前闻常师面谈时，则云名誉首座①。窃谓主席字义，常人将误解为住持。乞仍依前常师所云，用名誉首座之名乃妥。虽后学之道德学问，皆无首座之资望，亦当承此虚名，以副慈座及诸缁素之厚嘱也。附奉上致高文显居士二纸乞便中转寄。因彼之通信地址已遗失，故渎清也。顺颂 法安

后学演音稽首　九月二十八日

① 首座，亦称第一座或班首，其地位仅次于丛林的住持，但不负实际寺务责任。

四三

一九四〇年旧十二月十二日 南安灵应寺

性公老人慈座：

久未奉候，惟道履贞吉，为祝。后学于初冬移居灵应寺后，辞谢见客通信等事，习静养疴，已近三月矣。

兹因有关系法门重大之事，必须奉陈座下。故特破例通信，详述由致，诸希慈察为祷。

近闻人云，慈座拟辞却信愿寺职务，俟有妥人继位时，即可辞职返国云云。后学久违慈范，时以萦怀。今闻慈座返国之消息，不胜庆忭。又望仙、普济诸刹，皆待慈座莅临，兴建整顿。时节因缘，盖非偶然。但信愿寺后任住持之人选，后学不揣冒昧，拟以推荐性常师负此重任。乞慈座与诸护法董事商之。性常师与后学相交多年，道念坚固，任事精勤。以前学律诸师之中，应推常师为第一。近为兴复望仙寺事，诸方奔走，任劳任怨，尤为人所难能。慈座能返国兴建望仙，请常师在菲岛遥为护法，辅助一切，尤为适宜。但常师于任职之事，非其所愿。必须请慈座与诸董事商酌，宜以最隆重之典礼，至诚聘请，彼或可破格允诺。应具聘书，命僧众一二位专程返国，殷勤劝驾，并陪伴常师偕往菲岛。至于护照等事，宜早为准备也。拙见如是，是否有当，希裁酌之。

顺颂法安 不宣

十二月十二日 后学演音稽首

四四

一九四一年六月十七日 晋江福林寺

性公老人慈鉴：

前获慈谕，敬悉一一。厚意殷渥，感谢无尽。纸笔、眼镜等物，近始由水云取还。迟迟奉复，敬乞亮之。永春佛教会及桃源殿普济寺等，皆乏有力负责者。后学等深盼慈座返国，整理振兴。而望仙寺事，尤为重要。性常师虽努力尽责，收复寺产，必须慈座速急返国，主持大局，建筑工事乃可进行。李居士谓建筑甚不是易事，必须有人发心住持。至于将来居住之僧众，拟将南山律苑附入望仙寺内。由后学介绍道行高卓、能耐清苦之僧众，近十人，久住寺中，息心办道。后学虽未能久居，每年亦可于夏秋之际居住数月也。慈座若于菲岛寺务未能脱离，亦可兼任。时常往来于菲岛、永春二地，并承慈光普照，则至善矣。前承惠施百金，已嘱送存妙慧师处。以待他年后学往望仙时，充作旅费。

谨此 奉复 顺颂 法安

后学演音稽首 六月十七日

四五

一九四一年旧六月二十九日 晋江福林寺

性公老人慈座：

前奉慈谕，适以笔墨、眼镜等，存贮水云[①]，未及取还，迟复至罪。受戒文写就，附邮奉。先付影印，后由慈座以朱笔填写名字及所受戒名。影印圈点之地位仍旧不可移动，无须另加朱色格才，一切皆照原样可耳。

后学尔来衰老益甚，诸事怠惰。前承施资，敬受，感

① 水云，即水云洞，为南安雪峰寺下院。

谢无既，已交与妙慧师存贮。俟他年或有往永春之因缘，即以此充旅费也。谨复 顺颂 法安

后学演音稽首　六月二十九日

四六

一九四一年十一月初十日 泉州承天寺

性公老人慈鉴：

顷获十月二十八日所发惠书，敬悉一一。承施念金，敬领谢谢。后学前本拟居草庵过冬，乃因故未能如愿。永春、普济亦阻滞未能往，故现在仍住承天寺。每日写字接客。自惭毫无修养之功，勉力撑持弘法之事，时用汗颜耳。前由草庵附寄二纸，想均达慈览。属书各件，俟写就交百源转奉。谨复，并谢。

顺颂 慈安

后学演音稽首　十一月初十日

四七

一九四二年旧四月十三日 泉州温陵养老院

性公老法师慈鉴：

去秋方拟启程，变乱忽起，致负旅菲缁素诸公厚望，至用歉然。兹有陈者，觉圆法师近来道心坚固，拟放下一切，追随后学专心用功。百源主持一席，已交与其弟子妙兴师暂为代理，并托诸护法为照顾指导一切。觉圆法师于数日后，即随后学往闽东居住，暂不返泉。百源寺务，俟时局稍定，泉、菲之间能通信时，即请诸居士代寄此信，呈奉慈座。以后寺务如何规定，敬乞慈座核酌。即赐复音，仍交与诸居士依教奉行。后学前曾闻李秉传居士谈及，慈座有将百源完全改为居士林之意。后学等甚为赞成。诸居士亦极欢忭，并谓若改作居士林时，则经费决无困难云云。今据大众公意，附陈慈照。敬乞复示，俾便遵循。至于妙兴师，本是暂时代理，若改为居士林后，彼即退位，专心用功。因后学亦曾劝妙兴师不可任职，应放下一切，专心用功云。以后慈座惠书，乞寄泉

城诸居士先为披阅，暂存居士处。因后学所居荒僻之地，未便通信也。谨陈 顺叩 慈安

后学音稽首 旧历壬午四月十三日

四八

遗书[①]

性公老人慈座：

后学居南闽十数载，与慈座友谊最笃。今将西逝，须俟回入娑婆，再为晤谈。甚望今后普济道风日隆，律仪宏阐。后学回入后，仍可来普济居住，与诸缁素道侣聚首也。谨达 顺颂 不宣 法安！

后学演音稽首

① 此遗书未署年月，似系1940年在永春普济寺所写，留给性愿法师的。

致寄尘法师

寄尘法师 ？～一九五〇，安徽合肥人。出家于合肥明教寺。

曾学于武昌佛学院。历任闽南佛学院和九华佛学院教员。

此札系从其所撰《法味》中录出

见《海潮音》第十一卷第三期

一九二九年旧六月十六日 温州庆福寺

尘法师：

惠书诵悉，欢慰无尽。明岁倘有胜缘，或能来九华亲近法座也。苏居士偕返温州[①]，秋凉后将与居士往鼓山，印刷经典，或在鼓山过冬。座下天性仁厚，待人和平，与古德云栖莲池大师气象最为相近。窃谓今后能于《云栖法汇》[②]常常披阅，则学识当更有进。集中《缁门崇行录》《僧训日记》《禅关策进》三种，尤为切要。不慧披剃以来，奉此以为圭臬。滥厕僧伦，尚能鲜大过者，悉得力于此书也。愿与仁者共勉之。前月曾乞苏居士以《缁门崇行录》五十部，赠与闽南佛学院诸同学等，已托芝法师为之分致矣。《云栖法汇》金陵版较杭为善，上海功德林亦有流通者。敬复，不尽欲言。顺颂

法利

演音和南　旧六月十六日

---

① 1929年苏慧纯居士曾侍弘一法师自泉州赴温州。途经福州时游鼓山，发现清初刊本《华严疏论纂要》。

② 《云栖法汇》：明末杭州云栖寺莲池大师全集之别称。

致弘伞法师

弘伞法师 一八八六～一九七五，名演义，俗名程中和，安徽安庆人。早年曾任军职，出家后为弘一法师之师弟，历任杭州招贤、虎跑诸寺住持。晚年从事赈济工作。

一九三一年四月二十八日 上虞法界寺

伞师慈鉴：

惠书敬悉。去冬本有撰述歌谱之愿，乃今春以来，老病缠绵，身心衰弱，手颤眼花，臂痛不易举，日恒思眠，有如八九十老翁，故此事只可从缓。承惠日书三册，其中《赞歌》二册敬受，且俟他年恢复康健时，当试为之。《薄伽梵歌》，无有需用，谨寄返。又新刻《华严经传记》一册，校勘表四份，并奉上，乞收入。重编《华严疏钞》已由徐蔚如着手，计科文十卷，先刊经疏百二十卷，疏钞别行。钞九十卷，经科数卷。专由疏中摘出判经之科。《别行疏》二卷即《行愿》末卷去钞存疏。新编之书，以清凉一人之撰述为限。刊资久已集就，此事决定可以实行。仁者闻之，当甚赞喜。音近来备受痛苦，而道念亦因之增进。佛称八苦为八师，诚确论也。不久拟闭关用功，谢绝一切缘务。以后如有缁素诸友询问音之近况者，乞以“虽存若殁”四字答之，不再通信及晤面矣。音近数年来颇致力于《华严疏钞》，此书法法具足，如一部《佛学大辞典》。若能精研此书，于各宗奥义皆能通达。凡小乘论、

律、三论、法相、天台、禅、净土等，无不具足。仁者暇时，幸悉心而玩索焉。谨复 顺颂

法安

音和南　四月二十八日

徐居士说读《华严经》法，读唐译至五十九卷《离世间品》毕，应接读贞元译《行愿品》四十卷，共九十九卷。应日诵者为《净行品》《问明品》《贤首品》《初发心功德品》《如来出现品》，及《行愿品》末卷。又《十行品·十回向》初十之二章。又及

致芝峰法师

芝峰法师 一九〇一～一九七一，名象贤，浙江温州人。早年出家，受教于宁波观宗寺谛闲法师、武昌佛学院太虚法师，造诣颇深。

后任闽南佛学院教授，《海潮音》月刊编辑等。其学识为弘一法师所称许。

一

一九三一年九月四日 慈溪金仙寺

芝峰法师慈鉴：

久别，甚念。音今春以来，疾病缠绵，至今犹未复元。故掩室之事，不得不暂从缓。前日到金仙寺访幻法师，借闻座下近况，至用欣慰。音因刘质平居士谆谆劝请，为撰《清凉歌集》第一辑。歌词五首，附录奉上，乞教正。歌词文义深奥，非常人所能了解。须撰浅显之注释，详解其义。音多病，精神衰颓，万难执笔构思。且白话文字，亦非音之所长，拟奉恳座下慈愍，为音代撰歌词注释，至用感祷！

兹略陈拙意如下，未审当否？谨录之，以备参考。此歌为初中二年以上乃至专科学生所用。彼等罕有素信佛法者，乞准此程度，用白话文撰极浅显之注释，并令此等学生阅之，可以一目了然。注释中或有不得已而用佛学专门名词者，亦乞再以小注解之。注释之法，以拙意悬拟，每首拟先释题目，后释歌词。释题目中，先述题目之大意，后释题目之字义。释歌词中，先述全首歌词之大意，次略为分科，后乃解歌词之字义也。虚大师所撰之《三归依歌》[①]，亦乞撰注释，并曲谱寄下，以便宣布。

至为感谢。谨此恳请 顺叩

法安

演音和南　九月四日

二

一九三一年九月二十五日 慈溪金仙寺

惠书敬悉。承诺代撰释文，感谢无尽。居金仙已两旬余。承亦幻和尚优遇甚至。自惟德薄能鲜，时用惭悚耳。授华云师习字已半月，颇有进步。亦尝与密唵师晤谈，彼近阅禅宗语录。鄙意劝彼应先于《法相》三论痛下一番功夫，然后再阅禅宗之书，乃为稳妥。未审尊见以为何如？末学近拟读《大般若经》。曩承虚大师谆谆慈训，深为感荷。他日通信之时，乞代为问安。

又侍者陈人莲居士处，亦希致候。谨复 顺颂

慈安

音和南　九月二十五日

---

① 《三归依歌》，后改称《三宝歌》。

三

一九三一年 慈溪金仙寺

芝法师座下：

顷奉惠书并大著，欢喜无量。大著深契鄙意，佩仰万分。将来流布之后，必可令多数学子同植菩提之因。仁者法施功德，宁有既耶？前日闻仁者与醒法师有往苏州之意，鄙见以为未妥。倘仁者不欲居厦门，则乞移锡金仙。又静公[①]近拟接受杭州招贤寺，倘能成就，则仁者住居招贤，甚为适宜。末学与仁者神交以来，垂十年矣。窃念当今之世，如仁者英年绩学者，殊为希有。若再深入教诲，旁及世俗之学识，如是致力十数年，所造必可在虚大师之上。当仁不让，愿仁者努力为之。日本学者著作虽条理可观，然于佛学所造甚为浅薄。仁者将来学业成就，所有著作，必能令日人五体投地，万分佩仰。且可译为西方文字，传播欧美，可为世界第一大导师，则将来受仁者法施之惠者，岂仅中华已耶！末学敬劝仁者，今后无论居住何处，

①静公，即静安法师（1887—1947），浙江温岭人，为亦幻嗣法之师，曾任宁波延庆寺住持。

总宜专力于学问及撰述之业。至若作方丈和尚等之职务，愿仁者立誓，终身决不为之。因现代出家人中，能任方丈和尚等职务者，甚多甚多。而优于学问，能继续虚大师，弘宣大法，以著述传布日本乃至欧美者，以末学所知所最信仰者，当以仁者为第一人矣。末学于仁者钦佩既深，故敢掬诚奉劝。杂陈芜辞，幸垂省览。

音启

四

一九三三年三月三日 厦门万寿岩

芝峰法师座下：

惠书敬悉。此次讲律[①]，听众甚盛。寄住寺中者六七人，皆自已发心过午不食。内有二人，患肺病甚剧。又有一人正在呕血不止，卧床不起之时，而立刻停止晚餐，不顾身命，尤令人感佩。现已讲《羯磨》，若欲深造，非有三五年之功夫专心研习不可。听众中有二三人誓愿甚

① 此次讲律，指在厦门万寿岩讲《随机羯磨》。

坚固，或可发心专修也。近来终日忙碌，凡写字作文等事，皆悉从缓。草此奉复 顺颂

禅安

演音和南　三月三日

五

一九三三年八月五日 泉州开元寺

芝峰、慧律法师仝鉴：

惠书，欣悉一一。甚愿即往金仙与仁等晤谈。但衰老之躯，颇畏舟车之苦。近来手足无力，恐有风症之象。且手足时常麻木，故不敢行。又不久天气即寒，更非老躯所能堪忍。故仍拟暂居泉州，稍迟即移居山中静养也。当来若返浙时，必趋候法座，但一时恐未能如愿，至用怅然。来函所云迩来遭遇等，似出传闻之讹。因近来诸事平静，无有变动。前月开元火灾，亦未受扰乱也。大醒、寄尘诸法师，已往汕头①。顺颂

法安

演音和南　八月五日

① 汕头，为潮州之误。1933 年 4 ～ 5 月间，大醒、寄尘二法师曾于潮州开元寺开办岭东佛学院。

致广洽法师

广洽法师名照润，弘一法师为之改名普润，福建南安人。弱冠于厦门南普陀寺出家，受戒后参学江浙，后回南普陀任副寺。

一九二八年弘一法师入闽，亲侍请益，持受器重，后任佛教养正院监学三年。

抗战时南渡新加坡，办学弘法。

一

一九三一年九月 上海

广洽大师慈鉴：

前上明信，想达慈览。本拟即往厦门，兹因上海友人劝阻（因时局不宁），暂缓动身。以后有他处寄与弘一之信函及书籍等送至尊处者，乞暂为收贮。俟明年春夏之际或迟至下半年至宁波时，再当奉复，觅便转寄可也。种种费神，感谢无尽。性愿老法师处，乞代致意。

顺颂 法安

演音和南

二

一九三一年十月二十一日 慈溪金仙寺

广洽法师：

前呈信片，想达慧览。今岁拟即在金仙寺过冬，俟明年觅得同伴，当偕来闽南。因行李繁重，一人乘搭轮船，上下殊困难也。前有僧众发起律学院，欲令音任讲解。音自顾难以胜任；而彼内部亦有意见，故已决定停办矣。前托性愿法师转奉上《华严经集联》一册，想已收到。

谨达 顺颂

法安

音和南　十月二十一日

三

一九三二年三月十四日 慈溪金仙寺

广洽法师慈鉴：

惠书，欣慰无已。承询所需，至用感谢。将来如需用时，当以奉闻。音本拟在此过夏，乃昨夕忽有友人来此，谆谆约往远方一游。义不容辞，拟于明晨动身。大约至迟于中秋前返法界寺。料理一切，然后再动身往厦门，亲近法座也。

上海佛学书局（在北火车站宝山路口），已印音所书写之《地藏经见闻利益品》一册，《地藏经》（地神护法品和嘱累人天品）横披二张（已出版）。尚有已付印（尚未出版）音所书写之佛经数种，及将付印之数种并对联等，大约两三个月内可以印齐。书局于每种仅赠音十份，不敷分赠诸友人。倘仁者及他缁素诸德，愿得拙书石印各种佛经对联（内有一种系珂罗版），乞直接向佛学书局请购可也。彼处非谋利，故定价甚廉。附以奉闻。濒行匆忙，草草复此。

顺叩 法安

三月十四日　演音顶礼

如晤性愿老法师时亦乞代达此意

觉斌诸大师前均乞代为问安

四

一九三二年旧十月十八日 温州庆福寺

广洽法师慈鉴：

前寄函，想已收到。音自十四日夜间，患痢疾，至今未愈。倘近日可以痊愈，即搭次班新镒利轮船往厦。倘一时未能痊愈复元者，则更须延期也。所带行李不多，乞座下勿至码头迎接。因病犹未痊，动身之日难确定也。知劳远念，谨以奉闻。

顺颂 法安

演音和南　旧十月十八日

当家大师均此致候

五

一九三三年六月二十日 泉州开元寺

普润法师道鉴：

承惠施夏衣、食物、邮券、名香等，悉收到，敬谢。兹寄上《华严二地章》二包，乞检受。闻仁等在厦募请《宋藏经》，诸事顺利，至用欣慰。谨复 顺颂

法喜

演音和南　六月二十日

瑞金法师乞代致候

前存万寿岩书架中《华严经网要》四套（外有纸包）乞于尊驾来泉时带下为感

六

一九三三年底 晋江草庵

广洽法师道鉴：

年终二十七日。曾交工人信一件，付安海邮局。本拟挂号，彼不允许，故仅贴邮票五分，未知已收到否？信内所述者，恳为惠施三物：

一、绿豆一大口袋（做稀饭用）

二、石炭酸一瓶

三、血清药水（系内服者）一打计十二瓶

因此次生外疮，血已污浊不清，故今全身常痒，又生个疮甚多。故必须多服血清药水，令血清洁，自然诸病自愈矣。但不知血清药水，内服者以何种为最好？

乞为请问陈天恩

演音

七

一九三五年正月六日 厦门万寿岩

广洽法师道鉴：

饮食如常，精神日旺，但外症等须渐渐而愈，未可着忙也。医士或其他有名之西医，精为选择。乞先购十二瓶带下至感。是疮甚轻，现已渐愈，乞勿念。

惠安讲经之信，至今未收到。未知尊处已寄与福埔站否？近已托人到惠安询问。倘必欲讲《地藏经》者，惟有恳求瑞今法师代往。俟消息确定后，即托传贯师之父亲广谦师到厦门，迎陪瑞今法师同往，乞先为致意。若不讲者，即不来也。愿颂

法安

演音启　正月六日

八

一九三五年正月初八日 厦门万寿岩

广洽法师道鉴：

瑞今、曦二法师来，携到文物，已收到，感谢无尽。仁者不甚康健，可以缓来（不久即立春）。以后有药水等，托他人带来可也。近向日本请经甚多，共计七八百册，寄至南普陀寺弘一收。乞仁者费神代领。但书太多，恐海关留难，乞托邮局黄居士为之设法何如？又上海不久汇洋四十元至尊处，转交余收，亦乞代领。图章一方，托瑞今法师面交，以备领书领款时用。以后有他处寄与之信件，皆乞仁者一一拆阅，恐内有汇票又恐有他要事也。谨陈 不宣

演音启 正月初八日

附一函致夏居士乞为挂号寄去 至感

九

一九三五年春 泉州开元寺

广洽法师道鉴：

前存南普陀后山[①]书架有《圣德大观》《寒笳集》，乞检出若干册，交便人先带至泉州为感。

附二纸乞交本妙法师 不宣

演音疏　初四夕

一〇

一九三五年春 泉州开元寺

普润法师道鉴：

前函想已收到，所存妙释寺楼上诸箱篮及纸包等，于仁等来泉州时，皆乞检出带下。竹箱上写“未定”二字者，亦乞带下。能与性法师同时动身尤善。因人多，可以照顾行李也。费神至感。

仁者如晤李汝晋居士时，乞告云前嘱写之件，俟仁者

---

① 南普陀后山，有精舍数处，其中一处名“阿兰若”，1934年弘一法师曾居于此。

将行李带来。李博用居士之件亦然，乃能书写。因图章印色，皆在其中也。谨达 不宣

演音启

鼓山及武昌两处余皆辞谢不往

以后所居之处俟与性老法师晤面时再商酌也。附白

一一

一九三五年旧二月十四日 泉州开元寺

普润法师道鉴：

前奉上函片，想悉收到。兹有日本书中所夹藏古信笺一纸，为清初时亮邃律师所写，二百数十年之古物也，其意甚为切要。但系草字，字迹模糊，辨认不清。兹付邮挂号寄上，乞托厦门日本友人代为誊写一纸。汉字用楷书，日本字用片假名，挂号寄还，至用感谢。

附致了智法师一笺，乞转交。万寿岩所印之单张《净宗问辨》乞代请数十张，便中托人带下。

又有一事，附写于下，乞与性愿老人谈之。

东石车站[1]附近，仅有菜堂一处，男僧常往食宿，殊多不便。拟请性愿老人于讲经座上，劝僧众发心于东石车站附近，兴建寺院一处，以便来往男僧食宿，并劝诸居士热心襄助一切，云云。

二月十四日　演音启

《弥陀经讲录》下记之二处，如已寄去则善；如未寄者，乞补寄各一包为感。

温州大南门外庆福寺因弘法师收

杭州转崇德县石门财政局徐志昌居士收

一二

一九三五年旧五月十日　惠安净峰寺

普润法师道鉴：

惠书诵悉。《灵感录》题字已寄去。《九华示迹图》，大约可以寄二十册来。乞以十册存仁者处，随意赠人。所余十册之中，其五册，依前写之人名送去。尚有五册，

① 东石车站在福建晋江县。

乞检出一册，赠与转法老和尚，由瑞澄师转交。其余四册之中，乞先付邮局寄下二册。余有二册仍存尊处，俟他时带来可也。付邮寄地址：本省惠安县东门外黄坑铺港仔街回春号药店刘清辉居士转交净峰寺弘一收。刘居士为菜友，甚可靠也。但距寺八里余，须俟香客带来耳。

近来身体康健乞勿念

演音启　旧五月十日

一三

一九三五年旧七月十三日 惠安净峰寺

广洽法师道鉴：

前上信片，想已收到。

今午奉惠书，具悉一一。居净峰，眠食甚安。

八月底[①]仁者来惠安时，乞将南普陀后山大书架中，所藏《行事钞》六册，书旁标题红字者，《羯磨疏》六册《含注戒本疏》六册，共计十八册带下。

① 八月底，指广洽于是年九月重至净峰探视。

附奉上明信片一纸，乞为转寄。将来徐居士寄《南山律要》全部来时[①]，乞为存置后山书架中，无须带来也。

近研习律学甚忙，未能书写《地藏经》。衰老日甚，未能往沪。自明年正月元旦始，编辑《南山律在家备览》，有广略二种，约一年编竟。以上之意便中乞告沈、李二居士。顺颂

法安

音启　七月十三剃度日

一四

一九三五年旧七月　惠安净峰寺

普润法师慧鉴：

惠函及经二册，悉收到。附一纸，乞转交王正邦居士，并乞彼为讲解《观经》发起因缘。并说明求生西方者，非只一人求快乐，应发愿，愿一切众生悉皆离苦得乐，往生西方，云云。名师韦者，即师法韦提希[②]求生西方之迫

① 天津徐蔚如校刊有《南山律要》一部。

② 韦提希，即韦提希夫人。《观无量寿经》中所说之女主角。她是古印度王舍城频婆娑罗王的夫人。

切也。韦提希当日，亦因家庭多故，生厌离心，而求往生，与今正同也。

仁者值横难而无大损伤，是因平日戒行坚固，常有善神护卫，故能转危为安，至用欣佩！

净峰寺道风日隆，住出家人五人，皆持不非时食戒。乍后，厨灶不再举火。炊饭之事，亦出家人自任之。余自前日始，讲《戒本疏行宗记》。身体甚健，左臂已渐痊愈，乞勿念。不宣

一音启

一五

一九三五年旧十一月二十九日 晋江草庵

普润法师道鉴：

居草庵，甚安。已讲《梵网经》一卷。

自明日始讲《药师经》。

前存万寿岩书架中各种书籍、纸件，大张宣纸二包、信函、香等皆乞检出包好，托人带至泉州。其外，如钵、

砚、炉诸器具，皆仍存万寿岩可也。

王、高诸居士皆乞代为致候。谨陈 顺颂 法安

演音　十一月二十九日

一六

一九三六年春 厦门南普陀寺

普润法师道席：

存百源庵有盖大篾箱一个 存楼上

大纸包香一包 存大殿

存性老法师处龙眼一包

以上三件乞托人带至厦门

关房宜密防鼠入

到厦门住功德楼上

印西师信片上，乞写地址。

牛皮纸二十张，乞早带下。

圆净居士信及书一册，乞代寄。

关房圆洞门宜稍大，以便在关内讲律，听众在关外，列席而听也。

再者，下记各书，现在需用，乞用坚固之纸，包好付邮挂号寄下。每包重至三斤五两为止，贴邮票二十三分。

△《灵峰宗论》日本版

在上首靠门下层之大箱内即是前函所说之箱内。

△天津新刻《南山二大部记》（《资持记》《行宗记》《济缘记》），为余圈点之本。在下首当中下层之大箱内，箱里写“新刊”南山、灵芝撰述等。《芝苑遗篇》二册，亦在此箱内。

△《钞记通释及济览》此为日本古写本。在下首靠里上层之小箱内。箱面写扶桑古写本《钞记通释济览》等等共两部。

△《地藏菩萨圣德大观》二册在外厅经板大书架上层。

△《占察义疏》南京刻板，每部二册，亦在经板书架上层，与它经同一大包。

费神，至用感谢。附白

一七

一九三六年七月十八日 鼓浪屿日光岩

普润法师：

前函想已收到。兹寄上致李圆净居士一纸，致李鸿梁居士二纸，彼寓绍兴省立第五中学，致鼓山一片，乞仁者阅毕，代为寄出。鼓山所托抄写《梵网·贤首疏》圈点及封面后之题字，又《盗戒科表》等，乞仁者费神代为设法，由仁者及诸友人任之。他日抄毕，并乞寄去为感。不久彼处将《贤首疏》二册寄至尊处。谨恳 不宣

七月十八日　演音启

一八

一九三六年旧九月一日 鼓浪屿日光岩

广洽法师道鉴：

尊恙想已痊愈，甚念。高文显居士现在编辑书籍，宜居幽静之处。鄙意拟请彼移住功德楼上（韦驮殿旁），既可用功，亦可为余守护书物。乞仁者向南普陀执事者

言之，以为余守护存彼书物之名义，请文显移居功德楼上，当可获允许也。乞酌之。谨陈 不宣

九月一日为灵芝律师[①]涅槃日

演音启

附一纸，乞交高居士。又郁居士托代订《佛教公论》一份，乞仁者代付大洋二元交订，住址附呈。

定单乞直接寄与郁居士。此费，俟他日晤时奉还也。

一九

一九三六年九月望日 鼓浪屿日光岩

胜进居士、广洽法师同览：

《清凉歌集》已寄到。兹奉上三十册，乞收入。此书内容甚好。芝峰法师《达旨》，契理契机，可称杰作。曲调亦甚适于当代青年之嗜好，当可风行一时也。此三十册中，乞分十五册，交与忠儒居士，转赠闽南诸中学音乐教师，虽不解文学者亦可赠之。彼唯见此曲谱，则如

① 灵芝律师（1048—1116），名元照，北宋律宗高僧。

饮甘露矣。所余十五册，乞分赠闽南诸青年学生。外江，可以不送，彼等可见故；出家人处，亦可不送。若不解音乐而甚喜此书者，亦可赠之。

叶慧观处，乞赠二册，一册赠彼，一册托彼转送彼校之音乐教师也。中山公园内艺术学校，亦可由胜进居士便中送与一册。《韩偓》稿已改就，俟洽师来时带上。

《总目录》甚善。谨陈 不宣

九月望日　演音启

二〇

一九三七年旧二月底 厦门南普陀寺

二十六年岁次丁丑，二月六日，初落一齿，十日复落一齿，并奉广洽法师藏之，以为纪念。

弘一

二一

一九三七年旧四月 厦门万石岩

广洽法师道席：

前承谈及住中岩[①]之事。余曾先后在佛前占察三次，皆示不宜，想是因缘尚未成熟也。乞仁者往晤会泉老法师[②]，代陈此意，并致歉忱。倘仁者因病未能往，即托高居士代往亦可。费神，至感。不宣

演音启

二二

一九三七年夏至日 青岛湛山寺

广洽法师道席：

来齐州已一月余，身体精神日益强健。传贯师等亦然，甚肥胖。寺中同住者近九十人，皆废止晚食，而大半体胖力大。或由多餐面食有以致之欤？昔本拟托人代

① 中岩，厦门小庙之一，位于万石岩与太平岩之间，故曰中岩。

② 会泉老法师（1874—1943），别号印月，福建同安人，曾任厦门南普陀寺方丈，时为万石岩住持兼管中岩。

讲，到湛山寺后，因学者多有程度，无人愿任代讲之事，故由朽人一人担任。已近一月，终日忙碌，亦不觉疲劳，稍前大不同也。兹将每周课作略写如下：

每日课作时间约七八小时。

星期日，预备功课。

星期一，上午讲律，以后写字或编讲义。

星期二，预备功课。　星期三，同星期一。

星期四，预备功课。　星期五，同星期一。

星期六，写字或编讲义。每星期共讲三次。

夏至日　演音疏

二三

一九三七年六月二十四日 青岛湛山寺

广洽法师道席：

惠书诵悉。承寄抄写受戒式一册，已收到。乞以前存仁者处之《佛学丛刊》一部，赠与抄写者，以酬谢其劳也。四川成都，乞再挂号寄珂罗版《金刚经》二册。封面上写：

四川成都少城小通巷五号曾孝谷居士①收

王居士嘱写之件，稍缓写就寄上。并有印老法师像一幅，赠与王居士。又写稿一卷，交与高文显居士。共为一包。大约半月后可以寄上也。讲律事，已托人代讲。

近来天气闷热，较闽南尤甚。略复 不宣

六月二十四日　演音启

二四

一九三七年旧九月 厦门万石岩

前到沪时，晤费范九居士，彼亦称赞仁者书法精妙，与朽人所见正同。性愿法师处存有《三希堂法帖》，会泉法师处亦有，乞仁者借其中苏轼、黄庭坚两家之帖十数种，于暇时随意翻阅，自能得其神髓，不必临摹也。

苏字东坡，黄字山谷，皆宋名臣，工文章诗词，并精书法。仁者所写之字，与彼等暗合，且有能得其神髓者。此是天才，非学力也。

演音附白

---

① 曾孝谷，名延年，别号存吴。弘一法师留学东京美术学校时同学，并共同创立中国最初话剧团体“春柳社”。

二五

一九三八年二月 泉州开元寺

广洽法师：

在草庵过年。近到泉州，缁素来晤谈者甚多。已托善契法师将仁者所存彼寺之《金刚经》仅留两包，其余皆带至泉州，由朽人分赠诸善信。此事未能先与仁者商量，至用歉然。想仁者必甚欢喜赞成也。稍迟或往惠安讲经。以后惠书，乞寄泉州承天寺觉圆法师转交，至妥。不宣

音启

《普贤行愿品梵文考》久已印就，尚未装订，工事停顿，稍迟再装订寄下。其原本存上海蔡丏因居士处。乞勿念。

二六

一九三九年旧三月二十三日 永春普济寺

普润法师澄览：

惠书诵悉。承施资，感谢无尽。朽人已移居永春近一

月，居普济寺。文显仍居菲岛信愿寺，近来身体衰弱。

朽人近一年余，在各地弘法事迹，前已陆续写与文显。乞仁者便中托彼抄写一份交与仁者，为纪念可也。子恺在广西宜山浙江大学，久未通信。附致郁居士笺[①]，乞转奉。谨复 不宣

音启 三月二十三日

二七

一九三九年旧七月十四日 永春普济寺

广洽法师道席：

惠书诵悉。承施十金，至用感谢。朽人现住山顶寺中，方便闭关。性常法师等，皆住山下普济寺中。前函及图，皆收到。文显寓大乘信愿寺。画集尚未着手。郁居士函已收到，至用感谢，乞代为致候。不宣。

农历七月二十四日 音启

① 当时郁达夫在新加坡主编《星洲日报》副刊。

二八

一九四〇年 永春普济寺

广洽法师道席：

所谈之事，由余思维。《金刚经》序文，请费范九居士撰并书写。彼之文字书法皆佳。其序文之意，即依仁者所写示者告彼，由彼斟酌变通可也。签条，拟请子恺居士写。经名为正行，下方或写“弘一书写”字样。因余之名字，若冠于经名之上，似不恭敬也。其式如下：

金刚般若波罗蜜经

……书写……

演音疏

此签条可以题字大写，印时再随宜缩小也。

二九

一九四二年旧三月三十日 泉州温陵养老院

广洽法师慧览：

变乱后，久不通讯，甚念。拙书《药师经》，前七年曾以赠与仁者，存贮日光岩木箱中，去年曾闻已借与聂居士[1]影印。近因觉圆师拟建大药师寺，拟请仁者以此经转施与大药师寺，至为适宜。谨陈 不宣

壬午三月三十日　音启

① 聂居士，即聂云台，时居上海。

致崇德法师

一

一九三二年二月二十三日 镇海伏龙寺

崇德法师慧鉴：

惠书诵悉。仁者发心勇猛坚固，至用欣佩。音须俟数月后，行踪乃定。乞仁者暂勿来此。乞先熟读十三僧残与小注并以下之正文全部。以后倘有续讲之因缘固善，否则必写编极浅近之讲义奉上。仁者阅之，与面授无以要也。

总之，仁者既发如是之宏愿，音必尽力辅助。

但同居之事，时恐未能耳。

谨达 顺颂

法喜

演音敬启　二月二十三日

二

一九三二年三月 慈溪金仙寺

崇德贤首慧鉴：

来书诵悉。以前本因仁者来函，谓欲函授律学及国文等。余因事忙神衰，不能函授，遂有请仁者来伏龙寺面谈之议。今仁者来书，述及为难等情形，余已了解。余于一切事，悉任运随缘，决不固执己见也。余每日功课纷忙，又神衰力疲，殊无写信之余暇。故现在案底积存来信甚多，皆尚无暇答复。以是之故，以后于尊处常常通信之事，恐不能也。此事亦乞仁者谅解。又以无论学律不学律，余与仁等数人之友谊无有损伤，乞安心为要。

谨复 不宣

演音上

此信乞呈尊师亦幻法师一阅 并乞代致候

附呈致显真法师信乞转交。

前存卧室衣橱内有大字《梵网经》多册，乞检五册，交全盛信局寄下。

费神至感

三

一九三二年四月十二日 镇海伏龙寺

崇德贤首慧鉴：

两奉惠书及写表，悉收到。

所云“入道表”，登入《海潮音》，可尔。

余近来多忙，讲义恐今年不能编出。兹奉上《净心诫观法略》圈点本一册。分段处应有误者，俟将来依允堪律师科文改正。乞仁者与华云师依此本圈点抄录。此书甚佳，宜熟读也。又附奉上二册。其中一册，乞代为抄录圈点寄下，将以赠与他人。其另一册，乞交与显真师，亦嘱彼抄录圈点而熟读之。读时宜先读第二十章即最后一章，然后再由第一章读起。此书为南山大师教诫弟子慈忍而作，我辈诵此，终身行之，有不能尽者矣。余仅检每章略圈少许。

此外应圈者甚多，乞仁者自己随意圈之。

此信乞转交与显真师、华云师同阅之。余甚盼仁等熟读《四分律含注戒本》《删补羯磨》及此《净心诫观法略》。

谨复 不宣

四月十二日 演音敬启

图章字 附纸写奉

原圈点本一册及仁者代为抄录圈点者一册共二册乞交全盛局寄下。

四

一九三二年五月二十一日 镇海伏龙寺

崇德智者鉴：

惠书，诵悉一一。

仁者所云，实由误会。余与仁等无有脱离之心也。

仁者既道念坚固，精进不退，乞先熟读《含注戒本》及《羯磨》，以待将来。余便中至金仙寺为仁等讲此二书。通信教授之事，因余神衰未能撰述讲义，故止可面授也，以作结束。余往金仙寺时，或在今年中秋，或在明年，未能预定。总之，必欲讲完此三册，以作一结束也。此二书虽仅三册，实括律学之大纲。倘能精通熟诵此二书，已不愧为出家比丘之资格，并可任普通律学之讲席也。前属写二种，俟中秋到金仙寺时面奉。倘今年万一因病等故不来者即另寄奉也。前托刘居士之件，彼因丰居士编辑极忙，未便请求，故另托他人写画。

稍迟即直接付邮挂号寄至尊处

仁者自今以后仍须振起精神，万勿扫兴，至要至要。

此复 不宣

五月二十一日　演音上

《梵网经》已收到

此外，诸师如华云师等愿学律者，亦请彼等先熟读此二书。若不愿学者如显真师等则任其自然可耳。

前函所云：“无论学律不学律，余与仁等数人之友谊无损。”即是此意也。万勿误解。

致亦幻法师

亦幻法师　一九〇三～一九七八，号慧律，浙江黄岩人。早年出家，就学武昌佛学院，与大醒、芝峰诸师同学。曾任闽南佛学院教师。后任浙江慈溪金仙寺住持，弘一法师曾受其供养。

一九三三年二月十七日 厦门妙释寺

亦幻法师道鉴：

惠书具悉一一，至用欣慰。现已在此讲《南山律》。何时能止，尚未能定。倘至外江时，必来金仙奉访座下也。芝峰法师已往武昌，旧友云散，今唯有寄尘法师一人在南普陀耳。音近多忙，不似前居金仙时之清闲。

草此 奉复顺颂 法安

演音和南　二月十七日

致善契法师

善契法师 一九〇二～一九七四，福建南安人。

一

一九三八年一月中旬 晋江草庵

濒行，承费神照料一切，至用感谢。

克定师骨灰，前存紫云岩，倘仁者与静通法师晤面时，乞告云：“此骨灰请妥为收藏。因克定师之子，将来欲领取此骨灰，返里埋葬也。”

再者，稍迟，倘上海佛学书局寄书若干包来，乞检一包托人便中带至泉州开元寺性常师收转交弘一，其余乞存尊寺，请仁者妥为收藏，至感。明春，或往泉州一行也。

顺颂 法安

弘一谨上

二

一九三八年旧正月三十日 泉州承天寺

善契法师慧鉴：

到泉州后，诸事安适。不久在承天诸寺讲经。兹有恳者，前广洽师存在尊寺，有珂罗版印本《金刚经》弘一书写印本若干包，乞为检点，共有若干包。乞存两包，其余皆交汽车公司运至泉州交承天寺弘一收。其运费，俟运至泉州付给，乞勿在厦门付运费。诸承费神，感谢不尽。谨陈 不宣

旧正月三十日　弘一敬上

广洽师处另由弘一写信通知此事，乞勿念

三

一九三八年闰七月初五日 漳州祈保亭

善契法师：

久别为念。朽人前存妙释寺念佛堂寮房内床上，有灰布包一个，内有佛经纸张印色等等。乞为费神取出，存在日光岩，并觅便人带至漳。因此灰布包内之书物，现在急需用也。由厦门取至鼓浪屿，乞托蔡吉堂居士介绍一切最妥。彼寓大同路新合美五金行内。

顺颂 法安

弘一上　闰月初五日

惠复乞寄漳州东门浦头祈保亭弘一收

四

一九三九年旧九月十五日 永春普济寺

善契法师朗鉴：

久未晤谈，为念。朽人近来时患疾病，衰老日甚，故自旧历七月十三日始，在山中方便闭关静养，谢绝见客及通信。近日由性常师交来了闲社信一封，及银行汇款通知书等。此信朽人未阅，仍存性常师处。以朽人揣测，想是约往彼处讲经等事。但现在闭关养病，万难动身。故对于了闲社诸居士之盛情美意，十分抱歉。乞仁者便中往了闲社，代为陈说此意，并代致歉忱，请其原谅。其汇款通知书等，亦交邮局挂号寄回永春中国银行分行矣。此事承仁者代为陈达，种种费神，感谢无尽。

谨述 不宣

九月十五日　演音敬启

尊师[①]座下乞代问安

如承复信乞寄普济寺性常师收

因写朽人名字之信皆退回也 又及

① 尊师，指清智老和尚。

致显真法师 觉人居士

显真法师，生卒年不详，四川人。

中年出家，颇有学识。

曾在浙江慈溪金仙寺及五磊寺亲近弘一法师学律。

觉人居士，事迹不详。

一九三三年旧十一月十七日 泉州开元寺

觉人居士、显真法师同鉴：

今日为阿弥陀佛圣诞。适获仁者来函。披读，甚为欢喜。所发之愿，皆契合佛意。余近来弘法之事甚忙，心极散乱。但大菩提心，有若决江河沛然莫之能御之势。誓舍身命，弘护三世一切佛法，救度法界一切众生耳。

谨复 不具

十一月十七日　演音启

仁等能在金仙寺久住固善，但早晚功课必须随众

厦门亦可觅办道之所，但早晚功课必须随众耳

致瑞今法师

瑞今法师，福建晋江人。于幼年出家，毕业于安徽及闽南佛学院。

一九三四年，弘一法师在厦门南普陀寺，提倡于闽南佛学院之外，另办佛教养正院，培养幼年学僧，请瑞今法师为主任。

一

一九三四年旧七月十四日 厦门南普陀寺

弘一提倡办小学之意，决非为养成法师之人材。例如天资聪颖，辩才无碍，文理精通，书法工秀等，如是等决非弘一所希望于小学学僧者。或谓小学办法，第一须求文理通顺，并注重读诵等，此仍是养成法师之意，与弘一之意不同。

弘一提倡之本意，在令学者深信佛菩萨之灵感，深信善恶报应因果之理，深知如何出家及出家以后应作何事，以造成品行端方，知见纯正之学僧。至于文理等在其次也。

儒家云“士先器识而后文艺”，亦此意也。

谨书拙见，以备采择。

七月十四日晨　弘一

二

一九三四年 厦门南普陀寺

瑞今法师道鉴：

书局所编之书，未能适于出家人用，宜更广采。如书局诸书，由教者自编讲义，于每次考期前十日编就，令学者预先轮流抄写。编辑之法，凡灭蝇蚊、游戏、花柳病等，皆可略去。但花柳病及手淫等害，宜讲解之，令知恐惧。

略复 不宣

演音启

致性常法师

性常法师　一九二一～一九四三，弘一法师赠别号丰德，福建晋江人。早年曾从会泉法师问学。

为亲近弘一法师学者中较久之一人，颇受器重，惜盛年早逝。

一

一九三五年正月二十五日 厦门万寿岩

性常律师道鉴：

惠书顷已收到。此次有发心学律者数人，皆至诚谆切，将来成绩必大有可观。朽人约于二月到泉州。俟琐事料理既毕即可返厦讲律也。余容晤谈。不宣

旧正月二十五日　演音疏

二

一九三五年旧二月十日 泉州开元寺

性常法师道鉴：

前复明信，想已收到。法空上人来泉，已晤谈二次。今夏未能往鼓山，乞向法空上人代为婉言辞谢。余于三月，在开元讲《一梦漫言》[①]。以后诸事，皆未定也。谨陈不宣

附件乞交广洽法师

---

① 《一梦漫言》，是清初见月律师自述重兴南京宝华山律宗道场的记事。

《弥陀撷要》印就时乞向万寿岩请数十册，交与法空上人带往鼓

二月十日　演音启

三

一九三六年二月 厦门南普陀寺

性常法师：

惠书诵悉。将来讲律，在日光岩关房中。闻慈舟老人[①]已往山东闭关，学侣大半散去。所余之少数，现由克定法师暂为管理。彼曾来函请余往鼓山，任学苑事，余未允也。仁者若致函与彼等，宜写明由克定法师转交，因恐彼等已离鼓山也。介绍可以不须，仅可云旁听，一切费用自备。率复 不具

演音启

① 慈舟老人，指慈舟法师（1877—1957），湖北随县人。34 岁依汉阳归元寺大纶律师受具戒。1914 年就学于上海华严大学，1929 年任苏州灵岩寺住持，1931 年应虚云禅师之请，在福州鼓山涌泉寺讲学，后以故离鼓山赴山东青岛湛山寺闭关。

四

一九三六年闰三月二十一日 厦门南普陀寺

丰德胜士道席：

明信诵悉。近来精力渐减者，实因正月间内症已愈，胃口大开，故精力骤增。近则胃口渐渐如常，故精力亦衰。性愿老法师尝谓，此次大病，约需二年乃可复元也。下月即拟掩关静养。外症初破时，伤口一约明信片一个半大，一约近一个明信片，皆血肉狼藉，无有皮肤。近则后者已愈。前者仅余寸许，大约至多再迟半月即可收口。医士（黄博士泉州人，计需实费近百金，彼决不肯收费分文，其人品至高）谓：此次医治虽历时三个月，实甚顺遂。因已好者未曾复烂，是为幸事。实由仁者等为之诵经忏悔，乃获安稳痊愈、起死回生也。仁者俗兄陈居士前曾来晤谈。犹忆去年皈依时，致送资币。其数几圆，余已忘记。拟以此资，当来印经。仁者如尚记忆，乞便中示知并法各一。义俊法师乞代致候（《念西集》一册附奉上）。前来函已收到。乞代告云邮局定例，凡印刷品，可以用开口信封，以铁丝束口，贴邮票一分。若信件，须邮票五分。倘内装信笺，作印刷品寄者，收信之人应罚大洋四角五分。数年前，余曾被罚一次，实无辜而被罚。

写信之人，若已受戒而得戒者，亦犯偷税之罪也。

已满五，应结重。谨陈不宣

演音疏　闰月二十一日

附奉上永春佛手种茶二瓶乞受收

五

一九三六年闰三月二十九日 厦门南普陀寺

性常法师：

惠书诵悉。胜林居士前交来四金，拟改作经箱用，樟木制，箱面上刻施者姓名，不再印经矣。此意，乞于便中代达。不宣

演音启　闰三月二十九日

近由性愿老法师转交来五元，为泉州戒净老和尚[①]所惠施者。亦拟以此资作经箱，而广施福。如有人往海印寺者，乞托代致谢忱，并告此意。附白

① 戒净老和尚，为福建泉州海印寺住持。

六

一九三六年旧十二月十九日 厦门南普陀寺

丰德法师道席：

惠书诵悉。居日光别院[①]半载，罕通音问。近至南普陀，闭门思过，辞谢访问。尔者仁开法师等发起属讲律仪，拟于明年讲《羯磨》一部。仁者前寄来之稿，即可于其时校阅也。来书所云自利利他，且约一往而言。若委论之，独居诵经念佛，以此功德回向众生，岂非利他？若出外弘法，而自获福德，岂非自利耶？

谨复 不宣

十二月十九日 演音启

七

一九三七年四月 厦门南普陀寺

性常法师：

惠书诵悉。朽人先已允万石、中岩之约。然后乃得

① 弘一法师因于1936年五月至鼓浪屿日光岩方便闭关，自称日光别院。十二月初六日移居南普陀。是日阳历1937年1月18日，高文显编《弘一法师符刊》，郁达夫题字，刊于厦门《星光日报》。

青岛电报，故未能变动也。前已有信，复湛山寺[①]；慈公[②]处，乞仁者代复之。为祷。

演音启

八

一九三七年旧三月 厦门万石岩

性常法师：

本拟不往青岛。近因梦参[③]自青岛来迎接，诚意殷勤，未能辞谢。已允数日后同往。但九十月间，决定仍返厦门，居住中岩也。慈公处，余已有函，依此意奉复矣。

谨达 不宣

演音启

九

一九三七年七月初四日 青岛湛山寺

性常法师道席：

---

① 湛山寺，为近代倓虚法师在青岛所建巨刹。

② 慈公，即慈舟法师，时先在湛山寺讲律。

③ 梦参，东北辽宁人，时任青岛湛山寺书记。1937年旧3月23日携湛山寺住持倓虚之函，请弘一法师前往青岛结夏安居讲律。

惠书诵悉。承诵经回向，至用感谢！朽人近年来，身体精神日益衰颓。两臂常常麻木，手足各部常痛，是因血脉不周所致。此间气候阴寒，潮气太重，亦是一原因也。中秋节后，如有轮船开行者，即往上海小住，再返厦门。青岛湿寒，人多有病。传贯师现在身着单布衣四件，亦稍患伤风。

谨复 不宣

演音启　七月初四日

一〇

一九三七年旧十月十五日 厦门万石岩

胜进居士、性常法师同览：

惠书诵悉，至用忻慰。近日厦门甚为危险，但朽人未能他往。因出家以来，素抱舍身殉教之愿。今值时缘，应居厦门，为寺院护法，共其存亡。古人诗云："莫嫌老圃秋容淡，犹有黄花晚节香。"仁等诵此诗句，应为朽人庆幸，何须为之忧虑耶？明年正二月，倘时事安靖，朽人或往他处。大约今年即在厦门过冬也。克定师已圆寂。

传贯师前返安海省亲，朽人劝其决定于明年再来厦门。因朽人现寓万石岩，由小和尚照应一切，甚为周到，学律诸师亦为辅助，诸事无虑。乞仁等安心。俟明春再酌定一切。倘能早为壮烈之牺牲，则更不须顾虑及此矣。不宣

《梵网》不入难处乃是常途

别有开缘未可一致谕也

十月十五日　演音启

此函乞交与高文显阅之

高居士前居承天寺未知今在何处，乞转询

一一

一九三八年七月初四日 漳州瑞竹岩

性常法师慧览：

传贯师来信，已收到。彼将返草庵，故托仁者转达。余现住漳州乡间，助理弘扬佛法，创办念佛会，自本月十五日始。俟车路或水路通时，性常师来接，余即可他往也。漳州产米甚多，现因车路毁坏，不能运往他处，故居此决无绝粮之忧也。《戒相表记》存在妙释寺，故须缓寄。

以上乞转达。为祷

七月初四日　演音上

一二

一九三九年 泉州

余存太平岩书架中律书数包，已逾数载。恐外包之纸已去，不能辨知为何人之物。外包纸上，或有余之名，已记不清楚。乞托龙溪寺[①]写证明信一封，证明瑞曦师[②]之书，的确存在龙溪寺。否则恐他人疑余存太平岩之律书，为瑞曦师之遗物，将来不能领取也。乞性常法师商之。

一三

一九三九年十二月十二日 永春普济寺

性常法师道鉴：

兹有致性老法师书，乞检阅，挂号付邮寄去，至祷。倘仁者别有意见，不妨书写另笺附入寄去可也。

---

① 龙溪寺，在福建惠安。

② 瑞曦师（?—1939），福建惠安人，为太平岩住持转岸之徒，曾亲近弘一法师学律，惜盛年早逝。

朽人发起此事，实于各方面皆有利益。仁者往菲岛后，仍可为朽人护法。虽远隔重洋，实与晤言一室无以异也。乞仁者须痛念法门衰落，发弘誓愿负此重责，万勿推却，至要至要。

朽人年老多病，不堪任事。仁者为学律诸师中之巨擘，自应代朽人出而弘法利生，俾不辜负朽人多年以来弘律之胜愿也。若惟退居林下，不愿出而任事，殊为未可。乞念法门众生，奋袂兴起。则法门幸甚，众生幸甚。

十二月十二日　音启

此纸，亦可附寄呈与性老法师一阅。阅毕，仍可再寄还仁者，留为纪念也。附白

一四

一九三九年十二月十三日 永春普济寺

朽人致性愿老法师一纸，及昨日与仁者一纸，并此纸，共计三纸，皆乞寄往菲岛。此事关系海外弘法，至为要紧。朽人身受佛恩，不得不尽力劝请。望仁者不可再固执。此三纸决定寄去，当来结果如何任缘可也。为佛门护法，与好事不同，乞勿误解。

此纸，乞呈性老法师慈阅。

外两纸，共三纸。

一五

一九四〇年二月 永春普济寺

写字之事，现酌定平等统一之办法。凡本年十二月二十六日以前交来登记者，现在皆书写。凡十二月二十七日以后交来登记者，皆须俟明年夏季放香[①]时再写。无论亲疏，一律平等，无有厚薄先后。以后他人如有询问者，即以此意答复。

性常法师道鉴

梦上

一六

一九四〇年正月二十八日 永春普济寺

性常法师道鉴：

曩承慈护，照料布置一切，至用感谢。尘老和尚复

① 放香：禅林僧众整日坐禅，每次以一炷香为度，谓之“坐香”，休息时谓之“放香”。

来寺，彼意谆谆，约朽人到泉州讲经。但朽人痔疾甚剧，难受舟车之劳，故一时不能往泉州。乞仁者于晤彼时，代为致意。并述抱歉甚深，请其原谅为祷。再者，乞仁者便中访觉圆师，代述朽人意云，彼前托编辑《药师圣典汇集》。但编辑时需参考书，俟往鼓浪屿后乃可着手，故一时未能编辑。觉圆师弘扬药师法门，朽人甚为赞喜，颇愿有以辅助。适值今年四月，为亡母八旬冥诞。朽人拟编辑《药师经注解》一部，以为回向。书名尚未定。但朽人处，无有参考书。乞向觉圆师借用《药师经旁解》，及其他各种注解，又朽人前存觉圆师处，有古刊《药师经注解》两部。以上诸书皆乞汇齐，合为一包，托妥人带来，或交邮局挂号寄来。朽人即可着手编辑也。倘寄来时，于封面写明“内系《药师经注解》”字样，又写“仁者寄”之字样，即可由本寺执事者转送至朽人处也。并乞告觉圆师云，前年在承天寺讲《药师经》时，有某师曾为记录，但其稿未交朽人阅览改正。因朽人讲时未曾用心详研，故其记录稿无须流布，应即废弃。俟朽人新编之注解成就时，再刊印流通可也。此信乞交与觉圆师阅览，并乞仁者代为详释其义，至感。不宣

音启　正月二十八日

一七

一九四〇年春 永春普济寺

余近来身体精神日益衰弱，肺病亦颇有进步。想不久即可生西。但现在病势尚未沉重，不能断绝食物。故每日仍请妙抉师[①]送饭两次。惟病人之起居饮食，与健康人不同。此事颇令本常住及妙抉师等，诸多不便。还请彼等格外原谅，是幸。且俟病势稍重，即可断绝食物也。以上之意，乞为妙抉师讲解之。自今日始，每日送午饭时，增送滚水即开水一次。

性常法师鉴

音上

---

① 妙抉师（1917—1990），福建福清人。早年于厦门万石岩从会泉法师问学。曾侍弘一法师于永春普济寺。

一八

一九四〇年旧七月 永春普济寺

十三日为朽人出家[①]之纪念日。请寺中诸师，于上午九时（普济寺钟）惠临叙谈。

性常法师道鉴

梦上

一九

一九四〇年十月 永春普济寺

性常法师道鉴：

仁者致书与性愿老法师时乞云：本寺之化身窑[②]及普同塔[③]宜早建筑。化身窑宜先筑，普同塔或稍迟无妨。再者，焚化尸身，须于命终后，经过七日乃可焚之。万万不可早焚。此意，传贯师尚未了解。乞仁者详细为彼言之。此事关系甚大，请传贯师切宜留意也。此达，不宣

梦启

---

① 弘一法师之出家纪念日，为阴历七月十三日大势至菩萨诞辰。
② 化身窑：是寺庙僧人的火葬场。
③ 普同塔：是收藏寺院一般僧人灵骨之所。

二〇

一九四〇年 永春普济寺

性常法师道席：

拙书《普门品》，若付印时，仅能加红色直格，不能加方格。方格不可用之理由，因字体有长形，有扁形。写时高低不等，互相借用地位。若加以平均相等之方格，则字形与格线彼此参差。故万不可用方格也。若仅直格，则无妨。因每行首尾二字皆齐整，中间数字则互相参差也。倘托费居士经手印者，此纸乞寄与费居士。

请彼阅毕，仍寄还仁者。

音启

二一

一九四〇年 永春普济寺

今晨承枉谈，厚意盛情，至堪感谢。现在有病，故每日一餐甚宜。将来痊愈时，再改为两餐可耳。此上

性常法师朗鉴

梦启

二二

一九四一年十一月初七日 晋江福林寺

性常法师道鉴：

惠书诵悉。以后如有他人与仁者通信时，内附有致朽人之信，托仁者转交者，乞即复一明信片。其文句如下：“惠书诵悉。属交弘公之信，已为转交。但弘公近来老病缠绵，颓唐殊甚。一切之事皆宜从缓，以待将来。失礼之处，乞仁者格外原谅，至祷。”倘有来信欲受皈戒者，乞答云：仅能命法名，写小中堂一纸。以后暂未能通信，未能请求特别写件，香金亦不受，云云。山东宋居士处，乞据前之文意，即复一明信片，至感。乞附告云：“护生画材，已转寄夏居士。”

宋居士通讯处为山东郓城潘溪渡 宋慈波居士收

十一月初七日　音启

二三

一九四二年三月九日 泉州温陵养老院

性常法师：

惠，诵悉。分答如下：

第二云："我食檀越及僧常食。"

第三云："我昔受戒时，未能如法，故无夏[①]。"

第四云："我今三衣钵具并受持。（下一句略去）有未能如法者，后当如法作。"

第五云："我不别众食[②]。"

近向日本请小字旧《藏经》一部，昨已寄到，共四百十九册。

谨复 不宣

演音启　三月九日

① 无夏：指律制：比丘于雨季三个月间，应结夏居住，修习佛法；期满解夏，方得僧腊一岁。
② 别众食：僧众应集体共食，不能离众饮食，谓之"别众食"。

致大醒法师

大醒法师 一八九九～一九五二，别号随缘，江苏东台人。精书法篆刻。出家后就学武昌佛学院，为太虚法师高足。历任闽南佛学院教务主任及《现代僧伽》《海潮音》编辑等职。

与弘一法师时常通信。今仅存此一札。

一九三五年五月一日 泉州承天寺

大醒法师座下：

惠书诵悉。近拟谢绝一切缘务（若不如此必不能编成），专编律书。因年来精神大衰，故不得不谢绝诸缘。故诸师友处，皆未能通信。今座下欲撰《灵峰评传》，拟以旧集年谱草稿，及拙见数则，奉献座下，以备采取。须俟一个月后，乃能寄上。

以后即未能再通信也

诸乞亮之为幸

演音启　五月一日

致了智法师

了智法师 一八九八～一九五八，福建南安人。早岁出家，历参名宿。常往来泉、厦诸寺任职。

在厦门万寿岩时，弘一法师曾与其同住。

“万寿松声”为厦门八景之一。弘一法师刻“看松月到衣”一印赠之于了智法师。

第　頁第　號

了智法師慈鑒：今日誦
座下惠書、悉了識師已歸西。音擬自明日始、在寺
誦華嚴行願品大意。更擬於十一月十九日為其生西百日記念、
至妙釋寺誦（大約廿八日誦完）梵網經大意。皆以迴向了識師、增高品位、早證
佛果。並於年底、擬編『人生之最後』一卷、附述了識師發心念佛
生西之事、由佛學書局出版、以為記念。音與了識師交誼甚厚、
以上所述種種、略以表示微忱耳。謹復、順頌
法安

後學演音和南　八月十日

中華民國　年　月　日　　廈門洛陽社製

一九三五年旧八月十日 泉州承天寺

了智法师慈鉴：

今日诵座下惠书，悉了识师已归西。音拟自明日始，在此讲《华严行愿品大意》。更拟于十一月十九日，为生西百日记念，在妙释寺讲《梵网经大意》，大约七八日讲完。皆以回向了识师，增高品位，早证佛果。并于年底，拟编《人生之最后》一卷，附述了识师发心念佛生西之事，由佛学书局出版以为记念。音与了识师友谊甚厚，以上所述种种，略以表示微忱耳。谨复

顺颂

法安

后学演音和南　八月十日

致传贯法师

传贯法师，福建惠安人。

曾为弘一法师侍者。一九三八年在净峰筹建净室数间，供弘一法师居住。

一九五八年，南渡菲律宾弘法。

一

一九三五年旧十二月 晋江草庵

命终前，请在布帐外助念佛号，但亦不必常常念。命终后，勿动身体。锁门历八小时。八小时后，万不可擦身体及洗面。即以随身所着之衣，外裹破夹被，卷好，送往楼后之山凹中，历三日，有虎食则善，否则三日后即就地焚化。焚化后再通知他位，万不可早通知。余之命终前后，诸事极为简单，必须依行。否则是逆子也。

传贯法师

演音启

二

一九三八年旧五月二十日 漳州瑞竹岩

传贯法师道鉴：

惠书诵悉。筹备顺适，至用忻慰。朽人须俟车路开通，乃能至惠安也。前在鼓浪屿讲经，听众极多。四月初八日到漳州，于十五日演讲一次，虽变乱已起，人多迁徙，而听众尚近百人。后至东乡，居瑞竹岩转道老和尚旧办道之处，乡长、保长等皆欢喜护法，诸事顺适。性常师或不久可来漳州。南普陀寺中，惟落一炸弹于佛学院，此外皆安。芳远甚盼望仁者去信，彼居永春太平乡坑尾厝。新建之房，以二室一院为宜，可以方便闭关也。

谨复 不宣

五月二十日　演音启

造词善契师等居日光岩 现在可以寄信至鼓浪屿也

三

一九三八年旧十二月八日 泉州承天寺

传贯法师道鉴：

此次承远来问候，慈念一切，至用感谢。一食为对治恶习，禁语为减少杂事。至于求早生西方，乃是宿愿，未敢忘怀也。

往福林寺，尚须延缓。因缘尚未成熟也。

笨女居士所施十金，乞存仁者之处。

俟当来往福林时，可以此作旅费。

谦、空[①]二老人前，皆乞代为问安，致谢。

谨陈 不宣

腊八日　音启

仁者为谦老人礼《华严经》，已开始否，惟有此事能报亲恩，乞精勤礼敬，至祷。

四

一九四〇年立夏 永春普济寺

传贯法师慧鉴：

久未晤谈，为念。谦老人法体康健否？乞为问安。

空上人前惠赐茶叶，久已收到，便中乞代问安并致谢。朽人近来身体尚可支持，惟时有小疾耳。兹有恳者，

① 广谦，为传贯之父，广空，系草庵监院。

前年广洽师曾赠与仁者石印小册《法华经》一部，近朽人拟读此经，请仁者以此经转施与朽人，至用感谢。

邮费大约三角五分半 单挂号 汽车费在内

乞寄至永春蓬壶乡普济寺内善梦收

近已改名曰善梦

谨陈 不宣

善梦启　立夏日

五

一九四二年旧三月 泉州百源寺

仁者与本寺当家法师谈话时，便中劝彼云：以后每日宜读《药师经》一卷，可以消灾延寿。昔觉圆师体弱多病。自发心每日读《药师经》后，至今身体甚为康健，云云。近日仁者倘精神甚好，乞将朽人处之小钟修理之。倘精神不佳者，迟迟无妨也。

传贯法师道鉴

音启

致念西 丰德律师

念西律师，名义俊，福建漳州人，出家石室岩，专修净土法门，故号念西。

后又从弘一法师学律。

著有《念西集》及《龙袴图师传》。

一九三六年二月 晋江草庵

丰德、念西律师同鉴：

惠书，敬悉。承诵《华严法典》，感谢无尽。此次大病，实由宿业所致。初起时，内外症并发。内发大热，外发极速之疔毒。仅一日许，下臂已溃坏十之五六，尽是脓血。如承天寺山门前乞丐之手足无异。然又发展至上臂，渐次溃坏，势殆不可止。不数日，脚面上又生极大之冲天疔。足腿尽肿，势更凶恶。观者皆为寒心。因此二症，若有一种，即可丧失性命。何况并发，又何况兼发大热，神志昏迷，故其中数日已有危险之状。朽人亦放下一切，专意求生西方。乃于是时忽有友人等发心为朽人诵经忏悔，至诚礼诵，昼夜精勤。并劝请他处友人，亦为朽人诵经。如是以极诚恳之心，诵经数日，遂得大大之灵感，竟能起死回生，化险为夷。臂上已不发展。脚上疮口不破，由旁边足指缝流脓水一大碗余。至今饮食如常，臂上虽未痊愈，脚疮仅有少许肿处，可以勉强步行，实为大幸。二三日后拟往厦门请外科医疗治臂患，令其速愈。愈后，拟到泉州小住数日或往惠安住数日，再返厦门，即在日光岩闭关。今日因叶居士来，匆匆写此奉闻。

余俟面谈。此信中恐有错误之字，因匆忙故，乞谅之。

顺颂 道安

演音敬启

致仁开法师

仁开法师，生卒年不详，江苏兴化人。

原为闽南佛学院学僧，后随弘一法师赴青岛湛山寺学律，造诣颇深。

一九三六年七月 鼓浪屿日光岩

仁开法师道鉴：

前承过谈，惠施多品，感谢无尽。荷施十金，拟以请购日本古版佛书，而为永久纪念也。承示诸事，朽人已详细思审，至为惭惶。朽人初出家时，常读灵峰诸书[①]，于“不可轻举妄动，贻羞法门”“人之患在好为人师”（此语出《孟子》，《宗论》引用）等语，服膺不忘。岂料此次到南闽后，遂尔失足。妄踞师位，自命知律，轻评时弊，专说人非。大言不惭，罔知自省。去冬大病，实为良药。但病后精力乍盛，又复妄想冒充善知识。卒以障缘重重，遂即中止。至古浪后，境缘愈困，烦恼愈增。因以种种方便，努力对治。幸承三宝慈力加被，终获安稳。但经此风霜磨炼，遂得天良发现，生大惭愧。追念往非，噬脐无及。决定先将“老法师、法师、大师、律师”等诸尊号，一概取消。以后誓不敢作冒牌交易。且退而修德，闭门思过。并拟将“南山三大部”[②]重标点一次，誓以努力随分研习。倘天假之年，

---

① 灵峰诸书：指明末蕅益大师智旭的著作。灵峰即北天目山之灵峰寺，在浙江孝丰县，因蕅益大师住灵峰寺，故谓灵峰诸书。

② “南山三大部”：即《四分律行事钞》《四分律羯磨疏》《四分律戒本疏》，为唐道宣律师所著。道宣居终南山，故立宗称南山律宗，三大部称“南山三大部”。

成就此愿，数载之后，或以一得之愚，卑陬下座，与仁等共相商榷也。前承仁等所示诸事，今非其时，愿俟异日。诸希亮察为幸。谨陈 不宣

演音

此书本拟请传贯师赍奉。适今日有便人，托其带奉。朽人当来居处，无有定所。犹如落叶，一任业风飘泊可耳。

致广义法师

广义法师，弘一法师为其改号昙昕，福建南安人。早岁出家，曾于泉州承天寺及厦门万石岩，从性愿、会泉二法师受教。

抗战时任泉州开元寺监院及代理方丈，深受弘一法师器重。

一

一九三六年闰三月二十八日 鼓浪屿日光岩

关房一切设备，俟稍迟，或音自往，或请友人代检阅。掩关日期未能预定，不须集送。掩关前于日光岩讲说一次，约在念佛会日。谨复 不宣

广义法师道席

演音启 闰月二十八日

附赠广义法师“昙昕”别号说明：昙昕，梵汉合立。晋魏六朝时高僧，颇有此类之名。阅《高僧传》可知。昙者，梵语，具云“昙无”，亦云“达摩”，法也。昕者，汉语，朝也，日将出也。清初史学大家钱大昕，亦用此昕字为名，号曰晓征。昙昕者，示法日将升，普照众生之义也。

戊寅十二月初一日 沙门一音识

二

一九三九年夏 永春

昙昕法师道鉴：

惠书诵悉。承寄各件，悉收到，感谢无尽。书幅附奉上。行证拟从缓。不久时事或可平定也。仁者近来行持如何，时以为念。常阅《高僧传》否，诵经念佛日益精进否，仁者系出名门，幼受教育，应常自尊自重，冀为佛门龙象，以挽回衰颓之法运，扶持颠覆之僧幢。蕅益大师寄彻因比丘书云“吾望公甚高，勿自卑”等。又云“所有不绝如线之一脉，仅寄足下，万万珍重爱护，养德充学，以克荷之”。余于仁者，亦云然矣。《寒笳集》甚能警策身心，乞常阅之。不宣

音启

三

一九三九年八月六日 永春普济寺

惠书诵悉。宜至诚专念观世音菩萨圣号，为祷。仁者阅《格言联璧》，宜先略去“学问”一门，于“存养”“持躬”“接物”诸门，每日择阅一条，不拘次第可也。

八月六日　音启

四

一九四一年夏 晋江福林寺

昙昕法师智鉴：

以后有人托写字者乞陈达其办法如下：

二尺以内小中堂写三行 余处有已写好者，可以赠送。

二尺以内小联对临时题上款，至为迅速。

二尺以内之件，若送纸来者——须延缓，有便乃能写。

若指定写较小之字者，更迟。或须托人代写。

二尺以外之件，则遥遥无期。能不送下，最善。

否则或碍于情面，托他人代写。

（原因）精力衰颓，编辑书籍多忙。

音启

五

一九四一年夏 晋江福林寺

△向邮局取金华之寄款 即存尊处以备将来邮费等用

交邮局挂号信二封 普通信一封 信片一张

又交邮局寄金华挂号信一封 挂号印刷品一包

此两件 未贴邮票

△交蒋居士一函

△慧田法师：屏条，系赠送。他人不得援例。

△黄福海居士：未能写屏，请原谅。详述者病多忙之事。

草稿，以后陆续写。

△辞谢写件：以后凡有送名字求书者，皆婉言辞谢，须待将来至泉州时再写，现在不收。倘彼有十分诚意，欲求单款之字幅者，可将已写好者赠送，但无上款。已写好者，唯有二尺小中堂、小联对、小横幅三种。

昙昕法师慧览

音奉托

△漳州刘绵松发起，欲编辑《□□法师文钞》，此事万万不可行。余已去信阻止。拟编小册两种，由余自编。

一、晚晴寐语杂文若干首

二、名未定　演讲稿数篇

△将来欲印余之新撰述 皆自有写本及影印

- 《南山律在家备览》共三册 第一册已写好赠与上海法宝馆
- 《药师经析疑》一册
- 《晚晴集》一册

△将来欲印余之旧撰述

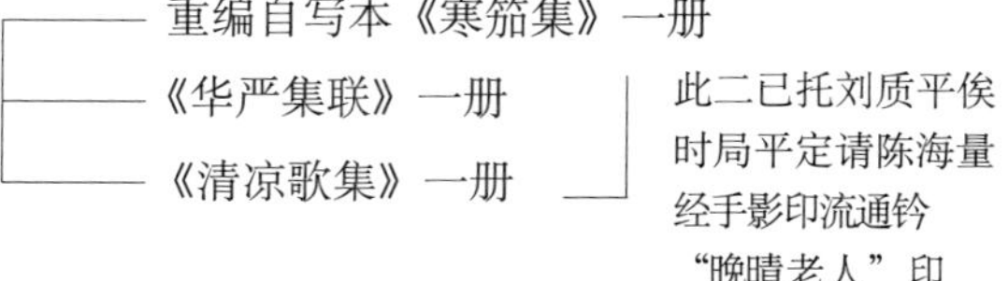

六

一九四一年旧十一月十九日　晋江福林寺

昙昕法师澄览：

前承枉谈，至用欢慰。兹奉恳数事如下：

一、购纸

二、购笔

此二事另纸详陈　乞觅暇购妥交龚天发带下

三、交转尘老和尚、郭清德君函一件

四、交觉圆法师书一包

五、交寿山法师一函

六、交叶青眼居士一函

七、交曾院长写件一卷

并乞附告云：此次及上次所写者，皆特别写件，未可示人。又以后勿以红纸条贴于纸背。若稍沾湿，红色即散污。乞改用白纸为宜。

八、交徐海北居士写件一卷

以上三至八，迟迟无妨，乞于便中交去可也。

附奉上屏条四纸，敬赠仁者。

此为特别写件，乞勿示人。又直幅单款者二纸乞转赠。

道公寿庆①，朽人未能趋礼。兹托龚天发代表随喜盛会。

《护生画集》乞交彼带下。

种种费神，感谢无尽。

农历十一月十九日　音启

① 道公寿庆：指转道和尚 70 寿庆，于 1941 年在泉州开元寺举行。

致果清法师

一九三七年三月二十八日 厦门南普陀寺

果清法师：

惠书，诵悉。谨答如下。

唐南山律祖《行事钞》引《五百问》云，应先白僧（因亡后诸物属僧，若用时应先白故），以亡泥洹僧（裙也，西僧不着裤，下着此裙），僧只支（掩腋衣也，披于左肩，以衬袈裟），覆尸而送。

案此：即是以亡人旧有之掩腋衣及裙，覆于尸上而焚化也。吾国僧众不用掩腋衣及裙，可以小衫及裤代之，着而焚化可也。

宋灵芝律师释上文曰：世云须披五衣者非（因当时有人误解，谓披五衣而焚化，灵芝以为不可），以制物令赏看病故（亡人所遗留之三衣、钵、坐具、针筒——或云漉水袋，此六物应赏与看病之人故，既应赏与看病之人，岂可与亡人披之而焚化），准以上南山、灵芝之说，就现今习惯斟酌变通，应仅以小衫及裤着而焚化为宜。倘有所不忍者，或可披以破旧之海青而焚化，亦无大违于律制也。万不可披七条五条衣，因此应赏与看病之人，酬其劳故。僧众如此，俗人可知。

再者，俗人生时，仅可披缦衣，不能披五衣，因大僧乃能披五衣故。

后学弘一顶礼　二十六年三月二十八日[①]

① 此札系以蝇头小楷，书于一明信片，寄与南京果清法师者。曾发表于1937年厦门《佛教公论》。

致妙慧法师

妙慧法师，俗姓陈，名紫，福建永春人。

时为永春普济寺监院。

一

一九四一年四月 南安灵应寺

妙慧法师鉴：

兹拟做大漉水囊[①]一件。兹送上竹圈一个，即以白布缝于此上。此竹圈，系林居士物，乞代告知，即以此赠与余，为感。送上洋一元，乞代购白布。以能漉水，而小虫不得出者为宜。费神，至感。

音启

二

一九四一年五月 晋江福林寺

妙慧法师道鉴：

兹介绍妙莲师至尊寺居住。彼为圆瑛老法师之徒孙。道念坚固，悲心深切，为余所最景仰钦敬者。彼到尊寺后，

① 漉水囊：为比丘六物之一。六物即三衣、钵、坐具及漉水囊，为比丘必备之物。佛制：比丘为不杀饮水中之幼虫及除尘芥，故用漉水囊。

乞仁者格外爱护，照拂一切。凡寺中早晚课诵等，皆乞仁者嘱彼无须随众，可以闭方便关，一心用功。

诸承费神，感谢无尽。顺颂

法喜

音启

林居士乞代致候。

再者，又介绍寿山师同来。

乞仁者爱护照拂一切，至感。

音又白

三

一九四二年旧一月十五日 晋江福林寺

诸居士、诸法师同慧鉴[①]：

顷奉惠书，敬悉一一。荷承慈护爱念，感激无量。朽人近来体力衰颓，瘦弱益甚，未能即来永春。屡承命召，

① 此札封面原署“致妙慧、妙用诸法师、郑卧云、林师觉、李锦章、李尧南、王梦惺诸居士”。

猝未如愿，至用惭惶。失礼之罪，惟希格外亮宥，至用感祷。谨复，顺颂

法绥！不备。

弘一敬启

承施资五百元，仍托带返，以待将来赴永行李之需。

又及

一月十五日

致妙莲法师

妙莲法师，上海市人。中年出家，曾居苏州灵岩山多年。

入闽后，亲近弘一法师学律，并同居晋江福林寺，深受器重。法师将圆寂时，荼毗诸事，悉以委之。

妙莲后曾任泉州开元寺住持。

一

一九三八年二月初五日 泉州承天寺

惠书，诵悉。仁者所说甚是，与西藏僧众之说暗合，小乘律中亦许着革履也，但不用亦无妨。《楞严经》中有禁用之文。若为牛念佛回向，彼亦可得功德，固不限定着用也。

妙莲法师玄鉴

音上

二

一九三九年十月五日 永春普济寺

妙莲法师慧鉴：

传贯师来，谈及仁者将移居他处，彼等至用惭惶。窃念仁者居承天、福林诸寺，一切缁素皆受仁者之感化，爱念仰望如慈父母。南门外，寺院林立，尤希望仁者与彼等僧众时时接近，随缘软化，则闽南他日僧英济济，法化昌明，悉出仁者之厚赐也。千乞仍住福林寺，不可他往。传贯师与朽人相交多年，忠厚诚实，堪称善友也。

谨陈 不宣

十月五日　音启

朽人数日后即掩室 辞谢晤谈及通信

草草奉陈 言不尽意

三

一九四二年正月十五日 晋江福林寺

妙莲法师智览：

兹奉上谢居士《受归戒文》一纸，又直幅联对，并乞转寄与海量居士。附告云：请谢居士先诵此文，自誓受。将来朽人至沪时，再正式受可耳。受前，宜先忏悔，诵“我昔所造”等一偈三遍。朽人不久即往惠安。近日事繁神昏。乞仁者俟将来朽人自惠安返泉州时，精神安定，再惠临研讨戒义，为宜。

谨达 不宣

音启

四

一九四二年正月二十一日 泉州百源寺

传贯、妙莲法师同鉴：

兹属妙斋师到福林寺，亲近仁等。务乞推爱，照拂一切。并乞时加箴诲，尽力扶持，俾彼可以道心增长，勇猛精进。当来可为佛门栋梁，作闽南砥柱，悉出仁等之厚赐也。务乞尽情教导，直言劝诫，万勿客气，至用感祷。谨此拜恳，不宣。

正月二十一日　音启

致广空 性常法师

一九三八年旧五月十一日 漳州瑞竹岩

性常法师、广空老法师仝览：

久别，为念。四月八日已往漳州，讲演一次，后往乡间。俟车路通时，或水路通时，请性常法师来漳州小住，再偕返泉州可也。以后通讯，乞寄漳州东门浦头祈保亭严持法师转交。性常法师到漳州时，亦先到祈保亭询问。

谨陈 顺颂

法安

弘一上　五月十一日

性常法师来信已收到

致觉彻法师

觉彻法师 一八八〇～一九四〇，俗姓黄，名欠水，福建惠安人。在泉州百源铜佛寺出家。

时任百源寺住持。弘一法师屡挂搭于此。

一九三八年旧五月十一日 漳州瑞竹岩

久未晤谈，甚念。弟于厦门变乱前四天，已到漳州讲经，故幸免于难。觉圆法师乞为致候。前寄至妙释寺之信已转到。性常法师现住草庵。彼寄来之信亦收到，乞便中代达。弟现住乡间。

通讯乞寄漳州东门浦头祈保亭转交。

顺颂 法安

弟弘一顶礼　五月十一日

致觉圆法师

觉圆法师 一九〇〇～一九八〇，法号东华，俗姓许，名亚才，福建惠安人。

时任泉州承天寺监院。

一

一九三八年旧十月 晋江安海水心亭

承转寄佛学书局两函，已收到，感谢无尽。据书局来函，谓有梵文《普贤行愿品》十包，寄至尊寺。如寄到时，乞代收藏存贮，不可转寄。因余稍缓或返泉州。候此处弘法之事略有根基，即可酌定他往之期也。

谨复 不宣

演音启

觉彻法师乞代致候。

二

一九三九年旧四月十九日 永春普济寺

三奉惠书，具悉一一。诸承费神，至用感谢。前存之草包箱、竹笼、经包、纸包、棉被等物有雨水冲入，乞一一打开检看，并在日光中曝晒，为祷。《药师》讲稿，想现在不能付印，故拟缓缓奉上。

前由性常师代复一函，想已收到。

谨达 不宣

四月十九日　音启

三

一九三九年旧五月二十五日 永春普济寺

惠书诵悉。诸承费神，感谢无尽。讲稿拟于下月十五日以前交邮局挂号寄上。余近来身体尚健。余之物件，乞送至百源庵，托觉彻法师收存，并乞代为问安。

五月二十五日　音启

此讲稿，拟多印。至少两千册，能至四五千册尤善。讲稿页数，与前所印者大致相同。乞预筹备印费。稿中所载者，为药师如来法门之供养、礼敬、诵经、持名、持咒等方法，最为切要，须广为流通也。附白。

四

一九三九年旧六月二十二日 永春普济寺

觉圆法师道席：

惠书诵悉。《讲录》封面，即写药师法会可也。兹有二事奉托如下：

（一）余之特别通行证，已满期。乞向师部换取新者。乞访蒋百齐参议室主任，或张参谋长皆可。又有郁达夫居士致钱东亮师长之介绍书[①]，亦乞交去。

（二）前送寄百源庵之大柳条箱（俗称为草包）中，有《清凉歌集》一小包。乞检出四册，交邮局挂号寄下。特别通行证如可换得，亦乞一并寄下。否则先将《清凉歌集》寄下，为感。

曾顺居士仍在泉州否，仁者晤时乞为致候

六月二十二日　音启

五

一九四〇年正月二十五日 永春普济寺

广义、觉圆法师同鉴：

以后泉州诸公属写字者，皆暂辞谢，未能收受。

乞云俟将来居住泉州弘法之时（非闭关用功之时），决定一概收受书写。现在往他处弘法或用功，故于泉州之

① 郁达夫时任福建省政府参议。

写件须暂辞谢。并乞云种种失礼之处，请格外原谅，为祷。

音上　正月二十五日

六

一九四一年旧十二月二十二日 晋江福林寺

东华法师慧鉴：

领请《药师经析疑》写稿，不预定日期，俟后通告。以后有送纸来者，不收。有由邮局寄名款来者，不写。必须托专人，送名款至苐林守候领取者，乃可书写。倘有特别之件，必须用宣纸写者，由余赠送。有送来者决定不收。

辛巳十二月二十二日　弘一

致如影法师

如影法师，永春普济寺僧。

出家后苦行精进，尝淡食刺血，供弘一法师书写佛经佛号。

一

一九四〇年冬 南安灵应寺

如影法师慧鉴：

拟请仁者每日读诵《普贤行愿品》，以此功德，回向众生，同消业障，齐成佛道。每日必须发愿生西，了生脱死，常住快乐。又云上求佛道，下化众生。仁者出家之日，是日持诵《普贤行愿品》三卷，尽一周年，当为仁者书写《普贤行愿品》偈颂一卷，以为纪念守持。

庚辰年　晚晴老人弘一敬述

二

一九四〇年冬 南安灵应寺

如影淡食智鉴：

仁者发心食淡多年，刺血写经，胜愿隆德，至为希有。不惜身命，为法舍身，将来必成人天所尊也。此请仁者仍继续持诵《普贤行愿品》，可以消灾除难。又食淡之事，亦可如常而持，不得违背，道业可能精进勿退也。

此请 德安

沙门演音敬上

致律华法师

律华法师，生卒年不详，福建泉州人，原名妙斋，幼年学僧。

一

一九四一年夏 晋江福林寺

先念“南无阿弥陀佛”十句，手持供水及米粒，至出生台前。念云：以此供水及米粒，施与一切神鬼等众。惟愿是诸神鬼等众，早得人身，消除业障，往生极乐世界，速证无上菩提。并愿以此施食功德，普施有情，齐成佛道。又念“四生登于宝地”[①]等四句，又念“南无阿弥陀佛”十句。毕，仁者施食，可依此行也。

妙斋法师鉴

音启

二

一九四一年冬 晋江福林寺

律华法师澄览[②]：

朽人与仁者多生有缘，故能长久同住，彼此均获利益。

---

① “四生登于宝地”四句是《赞佛偈》：“四生登于宝地，三有托化莲池。河沙饿鬼证三贤，万类有情登十地。”

② 此信系以遗书形式交与律华者，足见弘一法师教导后学之苦心。

朽人对仁者之善根道念，十分钦佩。朽人抚心自问，实万分不及其一。故朽人与仁者，长久同住，能自获甚大之利益也。妙莲法师行持精勤，悲愿深切，为当代僧众中罕见者。且如朽人心中敬彼，如奉师长。但朽人在世之时，畏他人嫉妒疑议，不敢明言。今朽人已西归矣，心中尚有悬念者，以仁者年龄太幼，若非亲近老成有德之善知识，恐致退惰。故敢竭其愚诚，殷勤请于仁者。乞自今以后，与妙莲法师同住，凡发尽形承侍之心，奉之如师，自称弟子。并乞彼时施教诲，虽受恶辣之钳锤，亦应如饮甘露，万勿舍弃。至嘱至嘱

演音　弘一敬白

致竺摩法师

竺摩法师，名守志，浙江黄岩人。毕业于闽南佛学院。抗战时居澳门，从高剑父学画，颇受赏识。为弘扬佛法，前后主编《觉音》《无尽灯》杂志。

晚年居马来西亚槟榔屿。曾任马来西亚佛教总会会长。

一九四一年冬 晋江福林寺

竺摩法师慧鉴：

前略

兹综合律文及南山、灵芝钞、疏记义列表如下：

犯相——与女说法，过五六语——波逸提。

五六语：且举阴入。

灵芝谓：亦可说余法也。

此戒制意如《南山戒疏》云："凡说法生善，事须应时，不请而说，理无强授。本无敬信，情怀奢慢。脱因斯次。致有过非，不免讥谤，清白难拔。"

灵芝释云：

"叙制意有二：一乖说法之仪；二是生识之本。"

开缘——在有智男子前，过五六语说——不犯。

有智男子者，解知粗恶，不粗恶事。即检小儿痴狂等。不在有智男子前，若女请问者。应答广说——不犯。

灵芝云："若请说，若问义，随多少者，以虚心求请，义非强说，故不限多少。"

真谛三藏之三种解释中，第三解谓："女性暗弱，是故律云云。”此与律文不同。是戒缘起，因与女耳语说法，发生嫌疑而制，决未云“暗弱”二字也。

说法贵观机，不可拘泥。为女众说法时，可以不用第三解。于前二解中，择其契机者用之可耳。

大小乘佛典中，虽有似轻女性之说，此乃佛指其时印度之女性而言。现代之女众不应于此介怀。

又佛之所以出此等语者，实于大慈悲心，以诫诲勖励，冀其改过迁善，决无丝毫轻贱之心也。

大小乘佛典中，记述女人之胜行圣迹甚多，如证初二三四果、发无上道心，乃至法华龙女成佛、华严善财所参善知识中亦有示现女身者。惟冀仁者暇时，遍采《大藏经》中此等事迹，汇辑一编，以被当代上流女众之机，则阅者必生大欢喜心，欣欣向荣，宁复轻生疑谤乎？

佛典中常有互相歧异之处，人每疑其佛意，何以自相矛盾？宁知此乃各被一机，不须合会，无足疑也。

演音启

用功谢客简

一九二八年旧四月 温州庆福寺

窃念生死事大，无常迅速。自今以后，专安分守己，一心用功，诸事不问。谨定规则三条如下：

一、凡有来客，未能接见。

二、凡有来信，未能答复。

三、所托各事，无论大小，皆未能报命。

失礼之处，敬乞鉴谅。

戊辰四月　弘一谨白

致佛教养正院诸师

一九三六年旧一月　晋江草庵

养正院诸师均鉴：

惠书诵悉。诚意殷勤，欢感无已。此次抱病极重，内外症并发，为生平所未经历者。其中有数日已呈极危险之现象，幸承诸善友协力读经忏悔，乃转危为安。现内症已愈，外症尚须时日，犹未起床也。

谨复　不宣

弘一扶病启

致开元慈儿院董事会诸居士

一九三六年旧四月三日　厦门南普陀寺

董事会诸居士仝鉴：

惠书，敬悉一一。本拟于旧二月中来泉，随喜盛会。因宿疾缠绵未愈，迄今不果，至用歉然。俟他日痊愈后，再为酌定。或性愿老法师来厦时，晤谈一切，何如。

谨复　顺颂

檀德

弘一敬启　四月三日

致上海佛学书局

一九四〇年旧七月 永春普济寺

上海佛学书局公鉴：

前承惠书，谓今年药师如来圣诞，拟别刊行专号，属撰文以为提倡。近多忙碌，未暇撰文。谨述拙见如下，以备参考焉。

余自信佛以来，专宗弥陀净土法门，但亦尝讲《药师如来本愿功德经》。

讲此经时，所最注意者三事：

一、若犯戒者，闻药师名已，还得清净。

二、若求生西方极乐世界而未定者，得闻药师名号，临命终时，有八大菩萨示其道路，即生极乐众宝华中。

三、现生种种厄难，悉得消除。

故亦劝诸缁素，应诵《药师功德经》，并执持药师名号。而于求生东方净琉璃世界之文，未及详释，谓为别被一机也。今者佛学书局诸贤，欲弘扬药师圣典，提倡求生于东方，胜愿大心，甚可钦佩，但依拙见，惟可普劝众生诵经、持名。至于求生何处，宜任其自然，则昔日求生极乐或求生兜率者，亦可发心诵《药师经》并持名号，而于本愿无违。因经中谓求生极乐者，命终有八大菩萨示路；又东晋译本云：若欲得生兜率天上见弥勒者，亦当礼敬药师琉璃光佛。如是则范围甚广，可以群机并育矣。略陈拙见，敬乞有以教之，幸甚。

演音

致泉州开元寺诸师

一九四一年旧十二月 晋江福林寺

开元诸位法师同览：

后学近欲往闽东，承诸法师诸居士诚意挽留，至用感谢。又承开元诸位法师屡次劝命后学居住开元，后学拟于此时移居开元暂住，但有预为声明者二事，先以函陈，敬乞垂察。

广谦老人近示寂于福林寺。广空法师等坚持己见，强迫速入铁笼，速急焚化等事，后学闻之，甚为不安。

后学将来命终之时及命终之后，若由旁人坚持己见，违背后学之遗嘱，唯依世情不遵佛法，致令后学一生之修持，不得圆满之结果，最后一着，完全破坏。

人谁无过，过而能改，善莫大为。

从上皆称，改过为贤，不以无过为美。

故人之行事，多有过差，上智下愚，俱所不免。唯智者能改过迁善，而愚者多蔽过饰非。

迁善，则其德日行足称。

君子饰过，则其恶弥著，斯谓小人。

圆悟勤禅师与文主簿书

附：

印光法师致弘一法师书

一

弘一大师鉴：

昨接手书并新旧颂本，无讹，勿念。书中所说用心过度之境况，光早已料及于此，故有止写一本之说。以汝太过细，每有不须认真犹不肯不认真处，故致受伤也。观汝色力，似宜息心专一念佛，其他教典与现时所传布之书，一概勿看，免致分心，有损无益。应时之人，须知时事。尔我不能应事，且身居局外，固当置之不问，一心念佛，以期自他同得实益，为惟一无二之章程也。《高僧传》昨方校完，尚须数日方能寄去。以未过录我本完，又须略斟酌于所记之疑文处，此事一了，即斟酌山志。山志斟酌好，彼愿在山排印，此将就小排法子。每排几十张，印出再拆散，又排又印耳。待后来再行刻版。书此，顺候

禅安

莲友印光谨复　七月二十六日[1]

上海不去，后三本祈寄普陀。

---

① 第一通系1920年寄与弘一法师之信，《印光法师文钞》未载。以下四通见《文钞》，上下款年月俱被删去。

二

接手书，知发大菩提心，誓证念佛三昧，刻期掩关，以期遂此大愿。光阅之不胜欢喜。所谓最后训言，光何敢当！然可不尽我之愚诚以奉之乎？虽固知座下用此种络索不着，而朋友往还，贫富各尽其分，则智愚何独不然？但尽愚诚即已，不计人之用得着否耳。窃谓座下此心，实属不可思议。然于关中用功，当以不二为主。心果得一，自有不可思议感通。于未一之前，切不可以妄躁心，先求感通。一心之后，定有感通。感通则心更精一。所谓明镜当台，遇影斯映，纭纭自彼，与我何涉？心未一而切求感通，即此求感通之心，便是修道第一大障。况以躁妄格外企望，或致起诸魔事，破坏净心。大势至谓都怀六根，净念相继，得三摩地，斯为第一。敢为座下陈之。

三

讲《起信论》，虽不必定宗《裂网疏》，然决不可谓《裂网》为非，此决定不易之法也。灵峰著述，千古少有。彼等正眼未开，不知其要，故辄吠影以惑初学。果真具正知见者闻之，则彼之心腹，彻底了知矣。灵峰老人乃末法绝无而仅有者。其言句理事具足，利益叵测。随人分量，各受其益。

四

座下勇猛精进，为人所难能。又欲刺血写经，可谓重法轻身，必得大遂所愿矣。虽然，光愿座下先专志修念佛二昧，待其不得，然后行此法事。倘最初即行此行，或恐血亏身弱，难为进趋耳。入道多门，惟人志趣，了无一定之法。其一定者曰诚、曰恭敬。此二事虽尽未来际，诸佛出世，皆不能易也。而吾人以博地凡夫，欲顿消业累，速证无生，不致力于此；譬如木无根而欲茂，鸟无翼而欲飞，其可得乎？

今将办法之利弊，并前人证验，略开一二。庶可随意作法矣。刺血写经，有专用血写者，有合金合朱合墨者。合金一事，非吾人力所能写。憨山大师写经，系皇太后供给纸与金耳。金书之纸须用蓝色方显，白纸则不显。即蓝纸金字，亦不如白纸墨字及朱字之明了。光曾已见过矣。若合金朱墨等，则血但少许，以表其志诚心。如憨山于五台妙德庵，刺舌血研金，写《华严经》。妙峰日刺舌血为二分，一分研系书《华严经》，一分着《蒙山施食》中，施鬼神。高丽南湖禅师，见藕益《弥陀要解》欲广流通，刺舌血研墨写《要解》，用作刻版底样刻之。冀此书遍法界，尽来际，以流通耳。其写一字，礼三拜，绕三匝，称十二声佛名。可谓识见超拔，修持专挚者也。

此三老之刺舌血，当不须另行作法。刺出则研金朱墨而写之便了，决非纯用血，当仍用水参合之。若专用血写，刺时先须接于小碗中，用长针尽力周而搅之，以去其筋，则血不糊笔，方可随意书写。若不抽筋，则笔被血筋缚住，不能写矣。

古有刺血写《华严》，以血筋日堆，塑成佛像，有一寸余之高者。又血性清淡，着纸即散，了无笔画，成一血团，其纸必须先用白矾矾过，方可用。矾过之纸不渗，最省血。大纸店中有卖的，不须自制。此系备工笔者之用也。其矾过之纸格外厚重，又复经久。如黄纸已染者便坚实。未染之纸头则硗脆。古人刺血，或舌或指，或臂或胸前，亦不一定。若身则自心以下，断不可用；若用，则获罪不浅。不知座下拟书何经？若小部头，则舌血或可供用。若大部及专用血书，则舌血恐难足用。须用指及臂血，方可告圆。以舌为心苗，取血过多，恐心力受伤，难于进修耳。

光近见刺血写经者，直是造业，以了无恭敬。刺血则一时刺许多。春秋时，过二三日即臭；夏日半天即臭，犹用以写。又有将血晒干，每写时，用水研干血以写之者。又所写潦草，毫不恭敬，直是儿戏！不是用血以表志诚，乃用刺血写经，以博自己真心修行之名耳。窃谓指血舌血，刺则不至太多。若臂则一刺或可接半碗血。与其久则臭而仍用，及晒干研而方用，似不若最初即用血合朱作锭，晒干听用，为不虚耗血；又不以臭血污经，为两适其宜矣。然此锭既无胶，恐久则朱落，研时宜用白芨再研，庶不至落。又将欲刺血，先几日即须减食盐及大料调和等。若不先戒食此等，则其血腥臊；若先戒食比等，则血便无浊气。

又写经不同写字屏，取其神趣，不必工整。若写经，宜如进士写策，一笔不容苟简。其体必须依正式体。若座下书札体格，断不可用。古今人多有以行草体写经者，光绝不赞成。所以宽慧师发心在扬州写《华严经》，已写六十余卷，其笔潦草，知好歹者，便不肯观。光极力呵斥，令其一笔一画，必恭必敬。又令作讼过记以讼己过，告试阅者。彼请光代作，故芜钞中录之。方欲以此断烦惑，了生死，度众生，成佛道，岂可以游戏为之乎？当今之世，谈玄说妙者，不乏其人；若在此处检点，则便寥寥矣。

尤君来书，语颇谦恭。光复之，已又致谢函，可谓笃信之士。然仍是社会之知见，于佛法中仍不能息心实求其益。何以见之？今有行路之人，不知前途。欲问于人，当作揖合掌。而尤君两次来函，署名之下，只云合十。是以了生死法，等行路耳。且书札尚不见屈，其肯自屈以礼僧乎？光与座下心交，与尤君亦心交，非责其见慢，实企其获益耳。

五

接手书，见其字体工整，可依此写经。夫书经乃欲以凡夫心识，转为如来智慧。比新进士下殿试场，尚须严恭寅畏，无稍怠忽。能如是者，必能即业识心，成如来藏。于选佛场中，可得状元。今人书经，任意潦草，非为书经，特借此以习字，兼欲留其笔迹于后世耳。如此书经，非全无益，亦不过为未来得度之因。而其亵慢之罪，亦非浅鲜。座下与尤居士书，彼数日前亦来信。意谓光之为人，唯欲人恭敬。故于开首即称师尊，而印光法师四字亦不用。光已详示所以。座下信首，亦当仍用印光二字，不得过为谦虚，反成俗套。至于古人于同辈有一言之启迪者，皆以作礼伸谢，此常仪也，无间僧俗。今礼教陵替，故多多皆习成我慢自大之派头。学一才一艺，不肯下人，尚不能得，况学无上菩提之道乎？此光尽他山石之愚诚也。刺血写经一事，且作缓图。当先以一心念佛为要。恐血耗神衰，反为障碍矣。身安而后道隆，在凡夫地，不得以法身大士之苦行，是则是效。但得一心，法法圆备矣。

附：

马一浮致李叔同

一

壁上琴弊。向者足下欲取而弹之，因命工修理，久之始就。曾告徐君，便欲遣童赍往；未辱其答，恐左右或如金陵。比还杭州，愿以暇日，枉过草庵，安弦审律，或犹可备君子之御耳。

叔同先生足下

浮顿首　闰月十七日[①]

① 1917 年旧历闰二月，此函当作于此年。

二

昨游殊有胜缘。今晨入大慈山，入晚始归，获餐所馈上供，微妙香洁，不啻净土之供也。长水大师《起信论笔削记》，善申贤首之义，谨以奉览。故人彭君逊之，耽玩义易羲有年，今初发心修习禅观。已为请于法轮长老，蒙假闲寮，将以明日移入。他日得与仁者并成法侣，亦一段因缘尔。

俶同先生足下

马浮和南　二十八日

法轮长老属为道念

三

昨复过地藏庵。与楚禅师语甚久。其人深于天台教义，绰有玄风，不易得也。幻和尚因众启请，将以佛成道日往主海潮寺，遂于今夕解七。明日之约，盖可罢已。海潮梵宇宏广，幻和尚主之，可因以建立道场，亦其本愿之力，故感得是缘。月法师闻于今日荼毗，惜未偕仁者往观耳。

叔同居士足下

浮和南　初六日

四

别遂经岁，俗中扰扰不可言。伏维道体安隐，少病少恼。前累蒙惠寄法书，时出展对，如仰身云，暂可慰念。去月李荣祥居士见寄尊撰《五戒相经笺要》三十部，已分赠所知，并感垂诱之切，敬谢无量。曩时奉对，曾谓欲得《清凉疏钞》一部。今嘉兴陆序兹愿以其父无病居士遗书奉赠，谨托同庄为致之。至时希命侍者赐答。有人言，师近入大罗山，诛茆宴坐，未审然否？何时复还锡杭州，兼望未及。不具

论月大师坐下

马浮和南　戊辰五月十日